MÉDAILLES ROMAINES

COLLECTION

DE

M. ÉMILE LÉPAULLE

COLLECTION

DE

M. ÉMILE LÉPAULLE

CONDITIONS DE LA VENTE

Elle se fera au comptant.

Les adjudicataires paieront cinq pour cent en sus des enchères.

Les lots pourront être divisés ou réunis à la volonté des experts.

Mâcon, imprimerie Protat frères

HAUT-EMPIRE ROMAIN

POMPÉE

1. MAG. PIVS IMP. ITER. Tête nue de Pompée, à droite.
   ℟. PRAEF. CLAS. ORAE. MARIT. EX. S. C. Anapius et Amphinomus portant leurs parents (17[1]). B. Æ.

JULES CÉSAR

2. CAESAR COS. TER. Tête voilée de la piété, à droite.
   ℟. A. HIRTIVS. PR. Instruments de sacrifice (2). T. B. AV.
3. CAESAR IM. P. M. Sa tête laurée, à droite.
   ℟. L. AEMILIVS BVCA. Vénus debout, à gauche (22) T. B. Æ.
4. CAESAR DICT. PERPETVO. Même tête.
   ℟. L. BVCA. Même type (23). T. B. Æ.
5. Sans légende. Même tête.
   ℟. L. MVSSIDIVS LONGVS. Gouvernail, corne d'abondance, etc. (29). B. Æ.

JULES CÉSAR ET OCTAVE

6. DIVOS IVLIVS DIVI. F. Têtes affrontées de Jules César et d'Octave.
   ℟. M. AGRIPPA COS. DESIG. en deux lignes, dans le champ (5). T. B. Æ.

1. Les numéros cités sont ceux de Cohen, 2e édition, Paris, 1880 et suiv.

7. *Vienne.* DIVI IVLI CAESAR DIVI F. IMP. Mêmes têtes, mais adossées.

℞. C. L. V. Proue de navire (7). T. B. G. B.

8. *Lyon.* Même légende, sans IMP. Mêmes têtes ; une palme au milieu.

℞. COPIA. Même proue ; au dessus, un globe radié (89). T. B. G. B.

MARC ANTOINE

9. ANTON. AVG. IMP. COS. DES. III. III. V. R. P. C. Sa tête nue, à droite.

℞. ANTON. IMP. III. en deux lignes dans le champ (2). T. B. Æ.

10. — ℞. PIETAS. COS. La Piété debout (79). B. Æ.

ANTOINE ET OCTAVE

11. M. ANT. IMP. AVG. III. VIR. R. P. C. M. BARBAT Q. P. Sa tête nue, à droite.

℞. CAESAR IMP. PONT. III. VIR. R. P. C. Tête nue d'Octave, à droite (8). F. D. C. Æ.

ANTOINE ET OCTAVIE

12. M. ANTONIVS COS. DESIG. ITER. ET. TERT. Sa tête à droite, au milieu d'une couronne.

℞. III. VIR. R. P. C. Tête d'Octavie, à droite, sur une ciste (2). Æ. Médaillon.

Même légende. Têtes accolées, à droite, d'Antoine et d'Octavie.

13. — ℞. III. VIR. R. P. C. Bacchus debout sur une ciste (3). B. Æ. Médaillon.

CLÉOPATRE ET MARC ANTOINE

14. CLEOPAT. REGINAE REGVM FILIORVM REGVM. Son buste à droite.

℞. ANTONI. ARMENIA. DEVICTA. Sa tête nue, à droite (1). Æ.

LUCIUS ANTOINE ET MARC ANTOINE

15. ANTONIVS COS. Sa tête nue, à droite.
℟. M. ANT. IMP. AVG .III. VIR. R. P. C. M. NERVA PROQ. P. Sa tête nue, à droite (39). F. D. C. AR.

AUGUSTE

16. AVGVSTVS DIVI F. Sa tête laurée, à droite.
℟. C. CAES. AVGVS. F. Caius César à cheval au galop, à droite (39). T. B. AV.

17. IMP. CAESAR. Sa tête nue, à droite.
℟. AVGVSTVS. Capricorne (16). T. B. AR. Médaillon.

18. — ℟. AVGVSTVS. Six épis en faisceau (32). T. B. AR. Médaillon.

19. — ℟. AVGVSTVS. Autel orné de deux cerfs (33). T. B. AR. Médaillon.

20. — ℟. PAX. La Paix debout à gauche (218). B. AR. Médaillon.

21. — ℟. ASIA RECEPTA. Victoire (14). — SIGNIS RECEPTIS. Mars debout (261). *Deux pièces* AR.

22. — ℟. CAIVS CAES. Caius à cheval (39). — C. L. CAESARES. Caius et Lucius debout (43). *Deux pièces*. B. AR.

23. — ℟. CAESAR AVGVSTVS. Deux branches de laurier (47). F. D. C. AR.

24. — ℟. CAESAR AVGVSTVS. S. P. Q. R. Bouclier entre deux branches de laurier (51). F. D. C. AR.

25. — ℟. CAESARI AVGV. Quadrige, à droite (80). T. B. AR.

26. — ℟. CIVIB. ET SIGN. Arc de triomphe (83). F. D. C. AR.

27. — ℟. DIVVS IVLIVS. Comète (97). T. B. AR.

28. — ℟. IMP. CAESAR. Trophée naval (119). — Même légende, statue sur une colonne (124). *Deux pièces* AR.

29. — ℟. MART. VLT. Mars dans son temple (192). T. B. AR.

30. — ℞. MARTIS VLTORIS. Même type de Mars (205). F. D. C. AR.

31. — ℞. OB CIVES SERVATOS. Couronne (210). F. D. C. AR.

32. — ℞. SIGNIS RECEPTIS. Mars debout tenant une enseigne (259). F. D. C. AR.

33. — ℞. SIGNIS RECEPTIS. S. P. Q. R. Bouclier entre deux aigles romaines (265). F. D. C. AR.

34. — ℞. S. P. Q. R. Quadrige et aigle romaine dans un temple (280). T. B. AR

35. — ℞. S. P. Q. R. CL. V. Sur un bouclier (294). F. D. C. AR.

36. — ℞. ROM. ET AVG. Autel de Lyon (236). B. G. B.

37. — ℞. DIVO. AVGVSTO. S. P. Q. R. Bouclier soutenu par deux capricornes (303). G. B.

25 38. — ℞. Même légende. Auguste dans un quadrige d'éléphants allant à gauche (308). B. G. B.

39. — ℞. Q. AELIVS L. F. LAMIA III. VIR A. A. A. F. F. Dans le champ, S. C. (341). G. B.

40. — ℞. DIVA AVGVSTA. Livie assise, à gauche (93). — ℞. PROVIDENT. Autel (228). *Deux pièces.* T. B. M. B.

41. — ℞. S. C. Livie assise (246). ℞. S. C. Foudre (249). *Deux pièces.* T. B. M. B.

42. — ℞. L. CANINIVS GALLVS III. VIR. Parthe à genoux (383). T. B. AR.

43. — ℞. TVRPILIANVS III. VIR. Tarpeia, de face, écrasée sous des boucliers (494). B. AR.

44. — ℞. Même légende. Astre dans un croissant (495). T. B. AR.

LIVIE

45. S. P. Q. R. IVLIAE. Carpentum, à droite.
℞. TI. CAESAR, etc. Dans le champ, S. C. (6). T. B. G. B.

MARCUS AGRIPPA

46. M. AGRIPPA L. F. COS. III. Sa tête, à gauche.
℟. S. C. Neptune debout, à gauche (3). B. M. B.

✝AUGUSTE ET AGRIPPA

47. *Nimes.* IMP. DIVI F. P. P. Têtes adossées d'Auguste et d'Agrippa.
℟. COL. NEM. Crocodile, à droite (8). B. M. B.

TIBÈRE

48. TI. CAESAR. DIVI F. AVGVSTVS. Sa tête laurée, à droite.
℟. PONTIF. MAXIM. Livie assise, à droite (15). B. AV.

49. ℟. Même revers (16) AR. — ℟. TR. POT., etc. Tibère dans un quadrige, à droite (48). *Deux pièces.* AR.

50. ℟. PONT. MAX., etc. Globe et gouvernail S. C. (12) M. B.
Trois pièces. B. AR. et Æ.

DRUSUS CÉSAR

51. Sans légende. Têtes des deux enfants de Drusus sur deux cornes d'abondance.
℟. DRVSVS CAESAR TI. AVG. F. DIVI AVG. N. PONT. TR. POT. II. Dans le champ, S. C.

52. Même légende. Tête nue de Drusus, à droite (1). B. —
℟. PONTIF. TRIBVN. POTEST. ITER. Dans le champ, S. C. (2). T. B.
Deux pièces. G. B. et M. B.

NÉRON DRUSUS

53. NERO. CLAVDIVS DRVSVS GERMANICVS IMP. Sa tête laurée, à gauche.
℟. DE GERM. Arc de triomphe surmonté de trophées (1).
B. AV.

54. — ℞. TI. CLAVDIVS CAESAR AVG. P. M. TR. P. IMP. P. P. S. C. Claude, assis à gauche sur une chaise curule (8).
T. B. G. B.

ANTONIA

55. ANTONIA AVGVSTA. Son buste, à droite.
℞. CONSTANTIAE AVGVSTI. Cérès debout, de face (1). T. B. AV.

56. Même buste et même légende.
℞. SACERDOS DIVI AVGVSTI. Deux torches allumées réunies par une bandelette (4). *Très beau style.* F. D. C. AV.

8, 57. — ℞. TI. CLAVDIVS CAESAR etc. Claude voilé debout, à gauche (6). B. M. B.

GERMANICUS

58. GERMANICVS CAESAR TI AVGVST. F. DIVI AVG. N. Sa tête nue, à gauche.
℞. C. CAESAR AVG. etc. Dans le champ S. C. (1). B. M. B.

GERMANICUS ET CALIGULA

59. GERMANICVS CAES. P. C. CAES. AVG. GERM. Sa tête nue, à droite.
℞. C. CAES. AVG. PON M. TR. POT. III. COS. III. Sa tête nue, à droite (5). B. AR.

AGRIPPINE MÈRE

60. AGRIPPINA M. F. MAT. C. CAESARIS AVGVSTI. Son buste, à droite.
℞. TI. CLAVDIVS CAESAR. AVG. GERM. P. M. TR. P. MP. P. P. Dans le champ, S. C. (3). T. B. G. B.

NÉRON ET DRUSUS

61. NERO ET DRVSVS CAESARES. Les deux césars à cheval au galop, à droite.
℞. C. CAESAR DIVI AVG. PRON. AVG. P. M. TR. P. III. P. P. Dans le champ, S. C. (2). T. B. M. B.

CALIGULA

63. C. CAESAR AVG. GERMANICVS POM. M. TR. POT. Sa tête nue, à gauche.
℞. VESTA S. C. Vesta assise, à gauche (27). T. B. M. B.
63. Même légende. La Piété assise, à gauche, à l'exergue : PIETAS.
℞. DIVO AVG. S. C. Temple à six colonnes, devant un sacrifice (9). T. B. G. B.

CALIGULA ET AUGUSTE

64. Même légende. Tête nue de Caligula, à droite.
℞. DIVVS AVG. PATER PATRIAE. Tête radiée d'Auguste, à droite (1). T. B. AV.
65. La même médaille avec POT. COS. du côté de Caligula (5). AR.

CLAUDE

66. DIVVS CLAVDIVS AVGVSTVS. Sa tête laurée, à gauche.
℞. EX. S. C. *Carpentum* avec quatre chevaux, à droite (31). B. AV.
67. TI. CLAVDIVS CAESAR AVG. P. M. TR. P. IIII. Sa tête laurée, à droite.
℞. PACI AVGVSTAE. La Paix debout, à droite (55). T. B. AV.
68. — ℞. CONSTANTIA AVGVSTI. La Constance assise, à gauche (3). T. B. AR.
69. — ℞. DE BRITANN. Arc de triomphe (18). T. B. AR.
70. — ℞. EX. S. C. *Carpentum* (32). T. R. AR.
71. — ℞. LIBERTAS AVGVSTA. La Liberté debout, à droite (47). T. B. M. B.
72. *Lyon.* TI. CLAVDIVS CAESAR AVG. P. M. TR. P. IMP. Sa tête laurée, à droite.
℞. ROM. ET. AVG. Autel de Lyon (81). B. P. B.

AGRIPPINE JEUNE ET CLAUDE

73. AGRIPPINAE AVGVSTAE. Son buste, à droite.
℞. TI. CLAVD. CAESAR. AVG. GERM. P. M. TRIB. POT. P. P. Sa tête laurée, à droite (3). T. B. AV.

74. La même médaille (4). B. AR.

AGRIPPINE JEUNE ET NÉRON

75. NERO CLAVD. DIVI F. CAES. AVG. GERM. IMP. TR. P. COS. Tête nue de Néron et buste d'Agrippine accolés à droite.
℞. AGRIPP. AVG. DIVI CLAVD. NERONIS CAES. MATER. EX. S. C. Auguste ? et Livie ? dans un bige d'éléphants, à gauche (4). *Fourrée.* AR.

NÉRON CÉSAR

76. NERO CLAVD. DRVSVS GERM. PRINC. IVVENT. Son buste nu, à gauche.
℞. SACERDOS COOP. etc. Instruments de sacrifice (312). T. B. AR.

×NÉRON EMPEREUR

77. NERO CAESAR AVGVSTVS. Sa tête laurée, à droite.
℞. AVGVSTVS AVGVSTA. Auguste et Livie debout (42). B. AV.

78. NERO CAESAR AVG. IMP. Sa tête nue, à droite.
℞. PONTIF. MAX. TR. P. VI. COS. IIII. P. P. Couronne de chêne avec EX. S. C. (213). T. B. AV.

79. — ℞. IVPPITER CVSTOS. Jupiter assis (119). — ℞. SALVS. La Santé assise (314). *Deux pièces.* AR.

80. — ℞. PONTIF. MAX. etc. Mars debout, à droite (322). T. B. AR.

81. — ℞. ANNONA AVGVSTI CERES. S. C. Cérès assise, à gauche ; devant elle, l'Abondance debout (17). T. B. G. B.

82. — ℞. CONG. I. DAT. POT. S. C. Néron assis sur une estrade avec plusieurs figures (68). T. B. G. B.

83. — ℞. ROMA. S. C. Rome assise, à gauche (261).
T. B. G. B.

84. — ℞. SECVRITAS AVGVSTI. S. C. La Sécurité assise (324).
℞. VICTORIA AVGVSTI S. C. Victoire allant à gauche (240 et 246). *Trois pièces.* B. et T. B. M. B.

85. — ℞. CER. QVINQ. ROM. CO. Table des jeux. — ℞. NERO CL. CAE. AVG. GER. Casque sur une colonne (182).
Deux pièces. B. et T. B. P. B.

GALBA

86. IMP. SER. GALBA AVG. Sa tête nue, à droite.
℞. S. P. Q. R. OB C. S. en trois lignes dans une couronne (287). T. B. Æ.

87. — ℞. DIVA AVGVSTA. Livie debout (55). — ℞. VICTORIA. P. R. Victoire debout (325). *Deux pièces.* B. Æ.

88. — ℞. LIBERTAS PVBLICA. S. C. La Liberté debout, à gauche (287). T. B, *mais sans patine.* G. B.

89. — ℞. S. P. Q. R. OB. CIV. SER. Dans une couronne (295).
T. B. G. B.

OTHON

90. IMP. OTHO CAESAR AVG. TR. P. Sa tête nue, à droite.
℞. SECVRITAS P. R. La Sécurité debout, à gauche (15).
B. Æ.

VITELLIUS

91. A. VITELLIVS GERM. IMP. AVG. TR. P. Sa tête nue, à droite.
℞. PONT. MAXIM. Vesta, assise à droite (71). B. AV.

92. Même légende. Sa tête laurée, à droite.
℞. XV. VIR. SACR. FAC. Trépied; au dessus, un dauphin; dans l'intérieur, un corbeau (110). T. B. AV.

93. — La même médaille (111). T. B. Æ.

94. — ℞. VICTORIA AVGVSTI. Victoire allant à gauche (119). Æ.

VESPASIEN

95. IMP. CAES. VESP. AVG. CENS. Sa tête laurée, à droite.
℟. PAX. AVG. La Paix debout, à gauche ; devant elle, un autel (297). T. B. AV.

96. — ℟. AVGVR. TR. POT. Instruments de sacrifice (43). — ℟. COS. ITER TR. POT. La Paix assise. — ℟. COS. VIII. Proue de navire (136). *Trois pièces.* Æ.

97. — ℟. EX. S. C. Victoire à gauche (144). — ℟. IVDAEA. La Judée assise (216). — ℟. S. C. Deux capricornes soutenant un bouclier (497). *Trois pièces.* B. et T. B. Æ.

98. — ℟. S. P. Q. R. Dans une couronne (516). — ℟. TITVS ET DOMITIAN., etc. Les deux césars assis, à gauche (344). *Pièce fourrée.* — ℟. VICTORIA AVGVSTI. Victoire érigeant un trophée à droite (318). *Trois pièces.* B. Æ.

99. — ℟. VICTORIA AVGVST. Victoire assise, à gauche (595). T. B. Æ.

100. — ℟. ROMA S. C. Rome debout, à gauche (419). T. B. Q. G. B.

101. — ℟. FORTVNAE REDVCI. La Fortune debout, à gauche (181). M. B.

102. — ℟. TVTELA AVGVSTI S. C. Domitille assise à gauche entre ses deux fils (568). B. M. B.

VESPASIEN TITUS ET DOMITIEN

103. IMP. CAESAR VESPASIANVS AVG. Sa tête laurée, à droite.
℟. CAESAR AVG. F. COS. CAESAR AVG. F. PR. Têtes nues de Titus et Domitien, en regard (5). B. Æ.

DOMITILLE FEMME DE VESPASIEN

104. DIVA DOMITILLA AVGVSTA. Son buste, à droite.
℟. PACI AVGVSTAE. La Paix ailée, debout, à droite.
Monnaie hybride fourrée. Æ.

TITUS

105. T. CAESAR IMP. VESPASIANVS. Sa tête laurée, à droite.
℞. COS. V. Veau allant à droite. *Var. inédite.* T. B. AV.

106. T. CAES. IMP. VESP. PON. TR. POT. CENS. Même tête.
℞. PAX. AVG. La Paix debout, à gauche ; devant elle, un trépied (131). T. B. AV.

107. — ℞. TR. P. VIIII. et capricorne (280). — ℞. TR. P. IX etc. Éléphant (303). *Deux pièces.* T. B. et F. D. C. AR.

108. — ℞. TR. P. IX. IMP. XV. COS. VIII. P. P. Trophée ; au pied, deux figures assises (306). — ℞. Même légende. Foudre au dessus d'un trône (316). — ℞. Même légende. Trépied ; au dessus, un dauphin (323).
Trois pièces. B. et T. B. AR.

109. — ℞. VICTORIA AVGVSTI. Victoire assise, à gauche (375).
F. D. C. Q. AR.

110. — ℞. PAX AVGVST. S. C. La Paix debout, à gauche (140).
T. B. G. B.

111. — ℞. AEQVITAS AVGVST. S. C. L'Equité debout, à gauche (5). T. B. M. B.

JULIE FILLE DE TITUS

112. IVLIA AVGVSTA TITI AVGVST. F. Son buste, à droite.
℞. VENVS AVGVST. Vénus debout, à droite, appuyée sur une colonne (14). *Pièce fourrée.* B. AR.

113. IVLIA IMP. T. AVG. F. AVGVSTA. Même buste.
℞. VESTA S. C. Vesta assise, à gauche (18). B. M. B.

DOMITIEN

114. DOMITIANVS AVGVSTVS. Sa tête laurée, à droite.
℞. GERMANICVS COS. XIIII. Domitien dans un quadrige, à gauche (146). F. D. C. AV.

115. Même tête et même légende.

℟. Même légende. Esclave germaine en pleurs, assise à gauche (148). F. D. C. AV.

116. — ℟. COS. VII. DES. VIII. P. P. Dauphin sur une ancre (63). — ℟. COS. XIIII. Cippe sur lequel on lit LVD. SAEC. FEC. (71). *Deux pièces.* T. B. AR.

117. — ℟. IMP. XIIII. etc. Pallas debout, à gauche. — ℟. IMP. XXI etc. (215). — ℟. Même type (272). — ℟. PRINCEPS IVVENTVTIS. Deux mains tenant une aigle romaine (293). *Trois pièces.* B. et T. B. AR.

118. — ℟. SALVS AVGVST. La Santé assise, à gauche (412). — ℟. Sans légende. Domitien à cheval au galop, à gauche (664). *Deux pièces.* B. AR.

119. — ℟. S. C. Pallas combattant, à droite (439). B. G. B.

120. — ℟. S. C. Domitien debout, à gauche, devant un temple (491). T. B. G. B.

121. — ℟. S. C. Domitien debout, à gauche, couronné par la Victoire (514). T. B. G. B.

122. — ℟. FORTVNAE AVGVSTI S. C. La Fortune debout, à gauche (125 et 132.) — ℟. MONETA AVGVSTI S. C. L'Equité debout, à gauche (326). *Trois pièces.* B. et T. B. M. B.

123. — ℟. S. C. Corbeau, à droite (526). — ℟. S. C. Branche d'olivier (544). *Deux pièces.* F. D. C. P. B.

NERVA

124. IMP. NERVA CAES. AVG. P. M. TR. P. COS. III. P. P. Sa tête laurée, à droite.

℟. COS. V. P. P. S. P. Q. R. OPTIMO PRINC. Cérès debout, à gauche (65). T. B. AV.

125. — ℟. AEQVITAS AVGVST. L'Equité debout (9). — ℟. COS. III. PATER PATRIAE. Instruments de sacrifice (48). — ℟. FORTVNA AVGVST. (66). *Trois pièces.* B. et T. B. AR.

126. — ℟. IMP. II. COS. IIII. P. P. Victoire allant à droite (93). F. D. C. Q. Æ.

127. — ℟. FORTVNA AVGVST. S. C. La Fortune debout, à gauche (67). T. B. G. B.

128. La même médaille (69). T. B. M. B.

TRAJAN

129. IMP. TRAIANO OPTIMO AVG. GER. DAC. P. M. TR. P. Son buste lauré, à droite.

℟. COS. VI P. P. S. P. Q. R. Jupiter debout, à gauche, la main droite au dessus de la tête de Trajan debout (107). T. B. AV.

130. — ℟. COS. V. P. P. et Rome debout (68). — ℟. PONT. MAX. etc. La Paix debout (202). — ℟. PONT. MAX. etc. La Paix assise (302). — ℟. S. P. Q. R. etc. Mars debout (378). — ℟. S. P. Q. R. etc. Génie debout (394).
Quatre pièces. T. B. et F. D. C. Æ.

131. — ℟. S. P. Q. R. etc. Génie debout (396). — ℟. S. P. Q. R. etc. La Paix debout (403). *Deux pièces.* F. D. C. Æ.

132. — ℟. S. P. Q. R. etc. L'empereur à cheval, à gauche (497). — ℟. S. P. Q. R. etc. Colonne trajane (558).
Deux pièces. T. B. et F. D. C. Æ.

133. — ℟. P. M. TR. P. COS. VI. S. P. Q. R. Victoire assise à gauche (157). F. D. C. Q. Æ.

134. — ℟. S. P. Q. R. OPTIMO PRINCIPI. Victoire allant à droite (430). F. D. C. Q. Æ.

135. — ℟. COS. V. CONGIAR. SECVND. S. C. Trajan assis sur une estrade (61). G. B.

136. — ℟. S. P. Q. R. OPTIMO PRINCIPI. S. C. Trajan à cheval au galop, à droite (503). T. B. G. B.

137. — ℟. Même légende. Le grand cirque (545). B. G. B.

138. — ℟. TR. POT. COS. II. S. C. La Justice assise, à gauche (611). T. B. G. B.

139. — ℟. s. p. q. r. etc. Trajan dans un quadrige au pas, à gauche (495). T. B. G. B.

140. — ℟. Même légende. L'empereur à cheval, à droite (509). — ℟. Même légende. Trois enseignes militaires (579). *Deux pièces*. T. B. M. B.

141. — ℟. TR. POT. COS. II. P. P. S. C. La Fortune assise (618). — ℟. TR. POT. COS. IIII. PP. S. C. Victoire debout, à gauche, tenant un bouclier avec S. P. Q. R. (639). *Deux pièces*. T. B. M. B.

PLOTINE ET TRAJAN

142. PLOTINAE AVG. Son buste, à droite.
℟. DIVO. TRAIANO PATER. AVG. PATRI. Buste lauré de Trajan, à droite (1). T. B. AV.

TRAJAN ET TRAJAN PÈRE

143. — ℟. DIVVS TRAIANVS PATER. Trajan père assis à gauche. (Trajan 140). B. AR.

HADRIEN

144. IMP. CAESAR TRAIAN. HADRIANVS AVG. Sa tête laurée, à droite.
℟. P. M. TR. P. COS. III. Neptune nu, debout, à gauche (1079). T. B. AV.

145. — ℟. CLEM. et la Clémence debout (212). — ℟. LIBERAL. etc. L'empereur sur une estrade (909). — ℟. Autre variété avec quatre figures (913). *Trois pièces*. B. et T. B. AR.

146. — ℟. P. M. TR. POT. COS. III. Galère (1174). — ℟. RESTITVTORI HISPANIAE. L'empereur relevant l'Espagne (162). — ℟. TELLVS STABIL. femme debout, à gauche (1425). *Trois pièces*. B. et T. B. AR.

147. — ℟. AFRICA. L'Afrique couchée (137). — ℟. NILVS. Le Nil couché (989). *Deux pièces*. B. AR.

148. — ℟. P. M. TR. POT. COS. III. Victoire debout, à gauche (1128). F. D. C. Q. Æ.

149. — ℟. ANNONA AVG. PONT. MAX. S. C. L'Abondance debout (178). *Belle patine verte.* T. B. G. B.

150. — ℟. FELICITATI AVG. COS. III. P. P. S. C. Galère allant à gauche (662). B. G. B.

151. — ℟. LIBERTAS RESTITVTA. PONT. MAX. etc. S. C. Hadrien assis à gauche, sur une estrade (949). B. G. B.

152. — ℟. PONT. MAX. TR. POT. COS. III. S. C. La Félicité debout, à gauche (1192). B. G. B.

153. — ℟. S. C. Diane debout, à gauche, tenant une flèche et un arc (1362). T. B. G. B.

154. — ℟. S. C. L'Espérance debout, à gauche (1416). T. B. G. B.

155. — ℟. FELICITATI AVG. COS. III P. P. S. C. Galère allant à gauche (667). T. B. M. B.

156. — ℟. FORT. RED. et S. C. La Fortune assise, à gauche (757). — ℟. PIETAS AVGVSTI S. C. La Piété debout, à droite (1043). *Deux pièces.* B. et T. B. M. B.

SABINE FEMME D'HADRIEN

157. SABINA AVGVSTA. Son buste, à droite.
℟. CONCORDIA AVG. La Concorde debout (3 et 24). — ℟. VENERI GENETRICI. Venus debout, à droite (73). *Trois pièces.* A. Æ.

158. — ℟. S. C. Cérès assise, à gauche (69). B. G. B.

AELIUS CÉSAR

159. L. AELIVS CAESAR. Sa tête laurée, à droite.
℟. CONCORD. TR. P. COS. II. La Concorde assise (1). — ℟. TR. POT. COS. II. La Félicité debout, à gauche (50). *Deux pièces.* B. Æ.

ANTONIN LE PIEUX

160. ANTONINVS AVG. PIVS P. P. TR. P. XVII. Sa tête laurée, à gauche.

℟. COS. IIII. Antonin debout, à gauche (314). F. D. C. AV.

161. — ℟. COS. IIII. L'Equité debout, à gauche (234). B. AV.

162. — ℟. CLEMENTIA AVG. La Clémence debout (124). — ℟. CONSECRATIO. Aigle (158). — ℟. CONSECRATIO. Bûcher (164). *Trois pièces.* T. B. et F. D. C. AR.

163. — ℟. IMPERATOR II. Victoire, à gauche (437). — ℟. ITALIA. etc. L'Italie assise à gauche (467). — ℟. PACI AVG. etc. La Paix debout, à gauche (573). — ℟. PIETAS etc. La Piété debout, à droite (616). *Quatre pièces.* B. AR.

164. — ℟. TRANQ. etc. La Tranquillité debout (825). — ℟. TRIB. POT. COS. La Piété debout (1062). — ℟. VOTA. etc. L'Empereur debout, sacrifiant (1123). — ℟. CONSECRATIO. Aigle (restitution de Philippe père, 1188).
Quatre pièces. B. et T. B. AR.

165. — ℟. COS. IIII. S. C. Antonin dans un quadrige au pas, à gauche (320). T. B. G. B.

166. — ℟. COS. IIII. S. C. La Santé assise, à gauche (350).
Très belle patine verte. F. D. C. G. B.

167. ANTONINVS AVG. PIVS. P. P. TR. P. COS. III. Sa tête laurée, à droite.

℟. PIETAS AVG. S. C. La Piété debout, à gauche, levant la main droite. *Inédite.* T. B. M. B.

168. — ℟. TR. POT. COS. III. S. C. Romulus allant à droite (912). — ℟. Même légende. Vases pontificaux (932).
Deux pièces. T. B. M. B.

169. — ℟. TR. POT. XXIIII. COS. IIII S. C. La Piété debout, avec quatre enfants (1055). — ℟. VOTA COS. IIII. S. C. Antonin debout, à gauche, sacrifiant (1095).
Deux pièces. T. B. M. B.

170. — ℞. COS. III S. C. Chouette, aigle et paon (178). F. D. C. P. B.

ANTONIN ET MARC AURÈLE

171. ANTONINVS etc. Sa tête laurée, à droite.
℞. AVRELIVS CAESAR AVG. PII F. COS. Sa tête nue, à droite (15). B. Æ.

FAUSTINE MÈRE

172. DIVA AVGVSTA FAVSTINA. Son buste, à droite.
℞. PIETAS AVG. La Piété debout, à gauche, sacrifiant (232). T. B. AV.

173. — ℞. AED. DIVI. FAVSTINAE. Temple à six colonnes (1). *Rare.* B. Æ.

174. — ℞. CONCORDIA AVG. La Concorde assise (150). — ℞. CONSECRATIO. La Piété debout (165). — ℞. PIETAS AVG. La Piété debout (236). *Trois pièces.* Æ.

175. — ℞. CONSECRATIO. S. C. La Piété debout (162). B. G. B.

MARC AURÈLE

176. M. ANTONIVS AVG. ARM. PARTH. MAX. Sa tête laurée, à droite.
℞. TR. P. XXII. IMP. V. COS. III. L'Equité assise, à gauche (898). F. D. C. AV.

177. — ℞. ARMEN. P. M. etc. L'Arménie assise (9). — ℞. CONSECRATIO. Aigle (91). — ℞. IMP. VI. COS. III. Victoire debout (260). — ℞. PAX. AVG. etc. La Paix debout (437). *Quatre pièces.* B. et T. B. Æ.

178. — ℞. PIETAS, etc. La Piété debout (463). — ℞. PROV. DEOR., etc. La Piété debout (508). — ℞. FELIC. AVG., etc. La Félicité debout (537). — ℞. TR. POT., etc. Pallas debout (653). — ℞. TR. P. XXII., etc. L'Equité debout (692). *Cinq pièces.* B. et T. B. Æ.

179. — ℞. FORT. RED. TR. POT., etc. La Fortune assise (213). T. B. G. B.

180. — ℞. SALVTI, etc. S. C. La Santé debout (555). G. B. — ℞. FELICITATI AVG., etc. Galère avec ses rameurs (191). M. B. *Deux pièces.* B. G. B. et M. B.

FAUSTINE JEUNE

181. FAVSTINA AVGVSTA. Son buste, à gauche.
℞. DIANA LVCIF. Diane debout, à gauche (84). T. B. AV.

182. — ℞. CERES. Cérès assise (35). — ℞. CONCORDIA. La Concorde assise (54). — ℞. FECVND., etc. La Fécondité debout (95). *Trois pièces.* B. G. B.

183. — ℞. MATRI MAGNAE. Cybèle assise (172). — ℞. SAECVLI FELICITAS. Deux enfants sur un lit (190). *Deux pièces.* B. AR.

184. — ℞. AETERNITAS S. C. L'Eternité assise (8). — ℞. HILARITAS S. C. L'Allégresse debout (112). *Deux pièces.* B. G. B.

185. — ℞. LAETITIAE PVBLICAE S. C. La Joie debout (157). — ℞. MATRI MAGNAE S. C. Cybèle assise (169). *Deux pièces.* G. B.

186. — ℞. SALVTI AVGVSTAE S. C. La Santé assise (200). — FAVSTINAE AVG. P. II. AVG. FILA. Son buste, à droite. — ℞. AVGVSTA S. C. Femme debout, à gauche, tenant une corne d'abondance : *fabrique étrangère.* M. B. — ℞. LAETITIA S. C. La Joie debout (149). *Trois pièces.* G. B. et M. B.

ANNIUS VÉRUS?

187. — Sans légende. Buste jeune, à droite, couronné de pampres.
℞. S. C. Au milieu d'une couronne de pampres. F. D. C. P. B.

✗ LUCIUS VÉRUS

188. L. VERVS AVG. ARMENIACVS. Son buste lauré, à droite.
℟. TR. P. IIII. IMP. COS. II. Victoire à droite, posant un bouclier avec VIC. GE. sur une colonne (247).
Pièce trouée. AV.

189. — ℟. PAX. TR. P., etc. La Paix debout (126). — ℟. PAX. AVG., etc. Même type (127). — ℟. PROV. DEOR., etc. La Providence (155). *Trois pièces.* B. et T. B. AR.

190. — ℟. TR. P. VI., etc. L'Arménie assise (266). — ℟. TR. P. VII., etc. Victoire debout (295).
Deux pièces. T. B. et F. D. C. AR.

191. — ℟. FORT. RED., etc. S. C. La Fortune assise (93 et 95).
Deux pièces. T. B. B.

192. — ℟. TR. POT. VI., etc. S. C. Victoire debout, à gauche (209). — ℟. TR. POT. VIII., etc. S. C. L'Equité assise (214). *Deux pièces.* B. G. B.

193. ℟. CONCORD., etc. S. C. Marc Aurèle et Vérus debout (31). — ℟. TR. P. IIII. etc. S. C. Victoire debout (242).
Deux pièces. B. et T. B. M. B.

LUCILLE, FEMME DE LUCIUS VERUS

194. LVCILLAE. AVG. ANTONINI AVG. F. Son buste, à droite.
℟. VENVS. Vénus debout, à gauche, tenant un sceptre et une pomme (69). T. B. AV.

195. — Même buste et même légende.
℟. VOTA PVBLICA. En trois lignes, dans une couronne (97).
T. B. AV.

196. — ℟. CONCORDIA. La Concorde assise (47). — ℟. PIETAS La Piété debout (50). *Deux pièces.* T. B. AR.

197. — ℟. PVDICITIA. La Pudeur assise (62). — ℟. VOTA PVBLICA. Dans une couronne (98). *Deux pièces.* B. AR.

198. — ℞. PIETAS. S. C. La Piété debout (53). — ℞. VESTA. S.C.. Vesta debout (94). *Deux pièces.* B. G. B.

COMMODE

199. M. COMMODVS ANTONINVS AVG. Son buste lauré, à droite.
℞. SECVRITAS PVBLICA TR. P. VI. IMP. IIII. COS. III. P. P. La Sécurité assise, à droite (700). T. B. AV.

200. — ℞. ANN. P. M., etc. L'Abondance debout (17). — ℞. CONC. COM., etc. La Concorde debout (45). *Très rare.* *Deux pièces.* B. AR.

201. — ℞. FID. EXERC., etc. Commode sur une estrade (140). — ℞. HERCVL. ROMAN. AVG. Massue dans une couronne (190). *Deux pièces rares.* AR

202. — ℞. I. O. M. SPONSOR SEC. AVG. Jupiter et Commode debout (239). — ℞. OPTIM., etc. Jupiter debout (387). *Deux pièces rares.* B. AR.

203. — ℞. PIETATI SENATVS C. V. P. P. Commode debout (408). *Deux pièces rares.* F. D. C. AR.

204. — ℞. ROMAE, etc. Rome assise (647). — ℞. TR. P. VI., etc. La Félicité debout (805). — ℞. CONSECRATIO. Autel (1010). *Trois pièces.* B. AR.

205. — ℞. TR. P. VI. IMP. IIII. COS. III. P. P. S. C. à l'exergue LIB. AVG. IIII. Commode sur une estrade. (310). *Rare.* F. D. C. G. B.

206. — ℞. P. M. TR. P. XVII., etc. S. C. La Libéralité debout (587). B. G. B.

207. — ℞. PROV. AVG., etc. S. C. La Providence debout (620). T. B. G. B.

CRISPINE, FEMME DE COMMODE

208. CRISPINA AVGVSTA. Son buste, à droite.
℞. CONCORDIA. La Concorde debout (5). — ℞. DIS. GENITALIBVS. Autel (15). *Rare.* *Deux pièces.* AR.

209. — ℞. HILARITAS. S. C. La Joie debout (19). G. B. — La même médaille (20). *Deux pièces.* G. B. et M. B.

PERTINAX

210. IMP. CAES. B. HELV. PERTIN. AVG. Son buste lauré, à droite.
℞. LAETITIA. TEMPOR. COS. II. La Joie debout (18).
T. B. AV.

211. — ℞. OPI. DIVIN. TR. P. COS. II. L'Assistance assise à gauche (33). T. B. AR.

DIDE JULIEN

212. IMP. CAES. M. DID. IVLIAN. AVG. Sa tête laurée, à droite.
℞. CONCORD. MILIT. La Concorde debout (2). B. AR.

213. — ℞. P. M. TR. P. COS. S. C. La Fortune debout (12).
G. B.

PESCENNIUS NIGER

214. IMP. CAES. C. PESC. NIGER. IVST. AVG. Sa tête aurée, à droite.
℞. SALVTI AVGVSTI. La Santé debout, à droite (68).
T. B. AR.

ALBIN EMPEREUR

215. IMP. CAES. D. CLO. SEP. ALB. AVG. Sa tête laurée, à droite.
℞. FIDES. LEGION. COS. II. Deux mains tenant une enseigne (22). F. D. C. AR.

216. — ℞. PROVIDENTIA AVG. COS. La Providence debout. Dans le champ I.I. (60). *Variété.* T. B. AR.

SEPTIME SÉVÈRE

217. — ℞. L. SEPT. SEV. PERT. AVG. IMP. VIII. Sa tête laurée, à droite.
℞. FORTVNAE REDVCI. La Fortune assise, à gauche (187).
T. B. AV.

218. — Même légende. Son buste lauré, à droite.
℞. VOTA PVBLICA. L'empereur debout, sacrifiant, à gauche (774). F. D. C. AV.

219. — ℞. ADVENT. AVG. L'Empereur à cheval, à gauche, précédé d'un soldat (1). — ℞. ADVENTVS AVGVSTI. Même type sans le soldat (14). *Deux pièces.* T. B. AR.

220. — ℞. AFRICA. L'Afrique couchée (31). — ℞. ANNONAE AVG. L'Abondance debout (36). — ℞. FELICITAS AVG. La Félicité debout (135).
Trois pièces. T. B. et F. D. C. AR.

221. — ℞. HERCVLI DEFENS. Hercule debout (210). — ℞. INDVLGENTIA AVG. IN. CARTH. La déesse de Carthage sur un lion (222). — ℞. LIBERO PATRI. Bacchus debout (301).
Trois pièces. B. et T. B. AR.

222. — ℞. MONETA AVGG. La Monnaie assise (342). — ℞. PAR. AD., etc. Victoire debout (361). — ℞. PART. MAX., etc. Trophée (372). *Trois pièces.* T. B. et F. D. C. AR.

223. — ℞. P. M. TR. P. VIII., etc. Victoire debout (457). — ℞. P. M. TR. P. XI., etc. La Fortune assise (461). — ℞. P. M. TR. P. XIII., etc. Jupiter debout (469). — ℞. Même légende. Mars debout (470).
Quatre pièces. F. D. C. AR.

224. — ℞. P. M. TR. P. XV. COS. III. P. P. Victoire allant à gauche (488). T. B. Q. AR.

225. — ℞. Même légende avec COS. IIII. Victoire à droite (489). — ℞. Même légende. L'Afrique debout (493). — ℞. P. M. TR. P. XVII., etc. Jupiter debout (525).
Trois pièces. F. D. C. AR.

226. — ℞. Même légende. Femme assise à gauche (535). — ℞. PROFECTIO AVG. L'empereur à cheval (580).
Deux pièces rares. F. D. C. AR.

227. — ℞. RESTITVTOR VRBIS. Rome assise (606). — ℞. VICT. AVGG. Victoire à gauche (694). — VICTORIAE AVGG. FEL. Même Victoire tenant un bouclier (719).
Trois pièces. F. D. C. AR.

228. — ℞. TR. P. III. IMP. V. COS. II. Parthe assis (660). —

℞. VICTORIAE BRIT. Victoire debout (727). — ℞. Même type, mais la Victoire avec un bouclier (730).

Trois pièces. B. et F. D. C. Æ.

229. — ℞. VICTORIA PARTHICAE. Victoire debout, à gauche (741). — ℞. VICTOR. SEVERO AVG. Victoire debout, à gauche (749). — ℞. VOTA SVSCEPTA. XX. Sévère debout, sacrifiant (791). *Trois pièces.* T. B. et F. D. C. Æ.

230. — L. SEPTIMIVS SEVERVS PONT. MAX. AVG. IMP. VII. Son buste lauré et cuirassé, à droite.

℞. CONG. II. PAT?. POP.... S. C. L'empereur assis, à droite, sur des armes, la main gauche appuyée sur un bouclier, tenant de la main droite une patère, au dessus d'un autel allumé en forme de modius; devant lui, un homme à demi nu, tenant de la main droite un sceptre ou une torche et de la gauche une corne d'abondance. *Les bords ont été martelés*, Mod. 11 (79).

Br. Médaillon.

231. — ℞. VIRT. AVG. TR. P. COS. S. C. Mars debout, à gauche (753). T. B. G. B.

232. — ℞. P. M. TR. P. XIII. COS. III. P. P. S. C. Même type (474). B. M. B.

JULIA DOMNA, FEMME DE SÉVÈRE

233. IVLIA PIA. FELIX AVG. Son buste, à droite, sur un croissant.

℞. LVNA LVCIFERA. La Lune dans un bige, à gauche (105).

Grand module. Æ.

234. — ℞. CERERI. FRVGIF. Cérès assise (14). — ℞. FORTVNAE FELIX. La Fortune debout (55). — ℞. FORTVNAE FELICI. La Fortune assise. (57 et 68). — ℞. IVNO. Junon debout (82). *Quatre pièces.* T. B. et F. D. C. Æ.

235. — ℞. LAETITIA. La Joie debout (101). — ℞. MAT. AVG. Julie assise, à gauche (115 *var.*). *Rare.* — ℞. MATER DEVM. Cybèle assise (123). *Rare.*

Trois pièces. F. D. C. Æ.

236. — ℞. PIETAS AVG. La Piété debout (150). — ℞. PIETAS PVBLICA. Même type (136). — ℞. PVDICITIA. La Pudeur assise (168). *Trois pièces.* T. B. et F. D. C. AR.

237. — ℞. SAECVLI FELICITAS. Isis? debout (174). — ℞. VENVS GENETRIX. Vénus assise (205). — ℞. VESTA. Vesta debout. *Trois pièces.* T. B. et F. D. C. AR.

238. — ℞. HILARITAS S. C. L'Allégresse debout (74). — ℞. LVNA LVCIFERA S. C. Diane dans un bige à gauche (109). *Deux pièces.* T. B. M. B.

CARACALLA EMPEREUR

239. ANTONINVS PIVS AVG. GERM. Son buste lauré, drapé et cuirassé, à droite.

℞. P. M. TR. P. XVIIII. COS. IIII. P. P. Le Soleil debout, à droite, se retournant à gauche (*inédite*). F. D. C. AV.

240. — ℞. ADVENT. AVG. Galère (3). — ℞. COS. II. Caracalla dans un quadrige (38). *Rare.* — ℞. INDVLG. FECVNDAE. Julie assise (104). *Rare.*
Trois pièces. T. B. et F. D. C. AR.

241. — ℞. COS. IIII. P. P. Victoire debout, à gauche (45). T. B. Q. AR.

242. — ℞. LIBERALITAS, etc. La Libéralité debout (135). — ℞. MARTI, etc. Mars debout (150). — ℞. MINER. VICTRIX. Minerve debout (159). — ℞. MONETA AVG. L'Equité debout (165). *Quatre pièces.* T. B. AR.

243. — ℞. PART. MAX., etc. Trophée (175). — ℞. P. M. TR. P. XV. COS. III. P. P. Sérapis debout (195). — ℞. Même légende. Cérès assise (205). — ℞. Même légende avec XVI. La Liberté debout (224).
Quatre pièces. T. B. et F. D. C. AR.

244. — ℞. P. M. TR. P. XVII., etc. Jupiter debout (234). — ℞. Même légende. Apollon assis (242). — ℞. P. M. TR.

P. XVIII. COS. IIII. P. P. Jupiter assis (273). *Grand module.* ℞. Même légende. La Foi militaire debout.

Quatre pièces. T. B. et F. D. C. Æ.

245. — ℞. P. M. TR. P. XVIIII. COS. IIII. P. P. Le Soleil debout (258). — ℞. Même légende. Jupiter debout (376). — ℞. P. M. TR. P. XX. COS. IIII. P. P. Le Soleil debout (390). *Trois pièces. Grand module.* T. B. Æ.

246. — ℞. PONTIFEX TR. P. II. Caracalla debout (506). *Rare.* — ℞. PONTIF. TR. P. VIIII. COS. II. Caracalla à cheval (427). *Rare.* — ℞. Même légende avec TR. P. X. L'empereur debout (440). — ℞. Même légende et même type. Trois captifs aux pieds de l'Empereur (441). *Rare.*

Quatre pièces. T. B. et F. D. C. Æ.

247. — PONTIF. TR. P. XII. COS. III. Caracalla, à cheval, au galop (468). — PROFECTIO. AVG. Caracalla debout (508).

Deux pièces rares. F. D. C. Æ.

248. — ℞. PROF. PONTIF. TR. P. XI. COS. III. Caracalla à cheval à droite, précédé par un soldat (511 *var.*). T. B. Æ.

249. — La même pièce, sans le soldat (*inédite, fabr. barbare*). — ℞. SAL. GEN. HVM. La Santé debout, relevant un soldat (558). *Rare.* — ℞. VOTA SOLVT. DES. COS. III. L'Empereur debout, sacrifiant (682). *Rare.*

Trois pièces. B. et T. B. Æ.

250. — ℞. VIC. PART. P. M., etc. Victoire assise devant un trophée (650). — ℞. VOTA. SVSCEPTA. X. Caracalla, sacrifiant (689). *Deux pièces rares.* T. B. Æ.

251. ℞. FORT. RED. TR. P. XIIII. COS. III. P. P. S. C. La Fortune assise à gauche (85).. *Belle patine* T. B. G. B.

252. — ℞. P. M. TR. P. XVI. COS. IIII. P. P. S. C. Mars debout, à gauche (217). *Belle patine.* T. B. G. B.

253. — ℞. P. M. TR. P. XVIII. COS. IIII. P. P. S. C. Esculape, debout (304). T. B. M. B.

254. ℞. PONTIF. TR. P. III. S. C. Caracalla debout (412).

T. B. M. B.

PLAUTILLE FEMME DE CARACALLA

255. PLAVTILLAE AVGVSTAE. Son buste, à droite.
℞. PROPAGO. IMPERI. Caracalla et Plautille se donnant la main (21). F. D. C. AR.

256. ℞. DIANA LVCIFERA. Diane debout (13). — ℞. PIETAS AVGG. La Piété debout (15). *Deux pièces.* T. B. AR.

257. ℞. VENVS VICTRIX. Vénus debout, à gauche, à ses pieds, Cupidon. T. B. AR.

GETA CÉSAR

258. SEPT. GETA. CAES. PONT. Son buste, à droite.
℞. CASTOR. Castor debout, à gauche, tenant son cheval (12). F. D. C. AR.

259. — ℞. FELICITAS TEMPOR. La Félicité et Géta debout (48). *Rare.* F. D. C. AR.

260. — ℞. NOBILITAS. Femme debout (90). *Rare.* — ℞. PONTIF. COS. II. Génie debout (114). — ℞. PRINC. IVVENTVTIS. Géta debout (157). *Trois pièces.* T. B. et F. D. C. AR.

261. — ℞. RESTITVTOR VRBIS. Rome assise (172). — ℞. SECVRIT. IMPERII. La Sécurité assise (182). *Deux pièces.* T. B. et F. D. C. AR.

GÉTA EMPEREUR

262. P. SEPT. GETA PIVS AVG. BRIT. Sa tête laurée, à droite.
℞. LIBERALITAS AVG. La Libéralité debout (68). T. B. AR.

263. — ℞. PONTIF. TR. P. COS. II. Géta à cheval, à gauche, terrassant un ennemi (130). T. B. AR.

264. — ℞. PONTIF. TR. P. II. COS. II. Génie debout (139). — ℞. TR. P. III. COS. II. Janus debout (187). *Rare.* *Deux pièces.* T. B. AR.

MACRIN

265. IMP. C. OPEL. SEN. MACRINVS AVG. Son buste lauré, à droite.
℞. AEQVITAS AVG. L'Equité debout, à gauche (2). T. B. Æ.

266. — ℞. ANNONA AVG. L'Abondance assise, à gauche (8). F. D. C. Æ.

267. — ℞. FELICITAS TEMPORVM. La Félicité debout, à gauche (15). F. D. C. Æ.

268. — ℞. IOVI CONSERVATORI. Jupiter debout, à gauche, protégeant l'empereur (37). F. D. C. Æ.

269. — ℞. P. M. TR. P. II. COS. P. P. L'empereur assis à gauche (51). F. D. C. Æ.

270. — ℞. PONTIF. MAX. TR. P. COS. P. P. Jupiter debout, à gauche (55). F. D. C. Æ.

271. — ℞. Même légende. La Foi debout tenant deux enseignes (60). F. D. C. Æ.

272. — ℞. PONTIF. MAX. TR. P. II. COS. P. P. L'empereur dans un quadrige, couronné par la Victoire, à gauche (88). *Très rare.* T. B. Æ.

273. — ℞. Même légende avec COS. III. La Félicité debout, à gauche (93). T. B. Æ.

274. — ℞. Même légende et S. C. L'empereur couronné par la Victoire dans un quadrige au galop, à gauche (106). B. M. B.

275. — ℞. SALVS PVBLICA S. C. La Santé assise, à gauche (116). B. M. B.

DIADUMÉNIEN CÉSAR

276. — M. OPEL. DIADVMENIANVS CAES. Son buste, à droite.
℞. PRINC. IVVENTVTIS. Diaduménien debout, à gauche ; derrière lui, deux enseignes (12). T. B. Æ.

ELAGABALE

277. IMP. CAES. ANTONINVS AVG. Son buste, à droite.
℞. FIDES EXERCITVS. La Foi assise à gauche, tenant deux enseignes (29). T. B. AV.

278. — ℞. Même légende et mêmes types (28). — ℞. La même médaille, module ordinaire (30). — ℞. FIDES MILITVM. La Foi debout (38). — ℞. Même legende, trois enseignes (43). *Quatre pièces.* T. B. AR.

279. — ℞. INVICTVS SACERDOS AVG. Elagabale sacrifiant (61). ℞. IOVI CONSERVATORI. Jupiter debout (68). — ℞. P. M. TR. P. COS P. P. Rome assise (138). — ℞. P. M. TR. P. III. COS. III. P. P. Le Soleil debout (154). *Quatre pièces.* B. et T. B. AR.

280. — ℞. LIBERTAS AVG. La Liberté debout, à gauche (91). *Très rare.* F. D. C. AR.

281. — ℞. P. M. TR. P. IIII. COS. III. P. P. Victoire, à gauche (195). — ℞. PROVID. DEORVM. La Providence debout (244). — ℞. SACERDOS SOLI ELAGAB. Elagabale sacrifiant, à droite (252). — ℞. SALVS ANTONINI AVG. La Santé debout, à droite (254). *Quatre pièces.* B. et T. B. AR.

282. — ℞. SALVS, etc. Même type (256). — ℞. SVMMVS SACERDOS AVG. Elagabale sacrifiant (276). — ℞. VICTORIA ANTONINI AVG. Victoire, à droite (291). *Trois pièces.* B. et T. B. AR.

283. — ℞. FIDES EXERCITVS S. C. La Foi assise, à gauche (35). T. B. G. B.

284. — ℞. LIBERTAS AVGVSTI. S. C. La Liberté debout, à gauche (103). B. G. B.

JULIA PAULA PREMIÈRE FEMME D'ÉLAGABALE

285. IVLIA PAVLA AVG. Son buste. à droite.
℞. CONCORDIA. La Concorde assise, à gauche (7). *Très rare.* F. D. C. AR. Q.

286. — ℞. Même légende et même type (6). T. B. Æ.

287. — ℞. VENVS GENETRIX. Vénus assise à gauche (21). F. D. C. Æ.

AQUILIA SÉVERA, DEUXIÈME FEMME D'ELAGABALE

288. IVLIA AQVILIA SEVERA AVG. Son buste, à droite.
℞. CONCORDIA. La Concorde debout, sacrifiant à gauche (2). F. D. C. Æ.

JULIA SOAEMIAS MÈRE D'ÉLAGABALE

289. IVLIA SOAEMIAS AVG. Son buste, à droite.
℞. VENVS. CAELESTIS. Vénus assise à gauche. (14). — ℞. IVNO REGINA. Junon debout (3). *Deux pièces.* T. B. Æ.

290. — ℞. VENVS CAELESTIS. Vénus debout (8). *Deux pièces.* B. et T. B. Æ.

JULIA MAESA AIEULE D'ÉLAGABALE

291. IVLIA MAESA AVG. Son buste, à droite.
℞. SAECVLI FELICITAS. La Félicité debout, à gauche (46). *Très rare.* F. D. C. Æ. Q.

292. — ℞. FECVNDITAS AVG. La Fécondité debout (8). PIETAS AVG. La Piété debout (29). *Deux pièces.* T. B. Æ.

293. — ℞. PVDICITIA La Pudeur assise (36). — ℞. SAECVLI FELICITAS. La Félicité debout (45). *Deux pièces.* T. B. et F. D. C. Æ.

SÉVÈRE ALEXANDRE

294. IMP. ALEXANDER PIVS AVG. Son buste lauré, à droite.
℞. MARS VLTOR. Mars armé, allant à droite (160). T. B. AV.

295. — ℞. FIDES MILITVM. La Foi debout (52). — ℞. IOVI PROPVGNATORI. Jupiter debout (77). — ℞. PAX AVG. La

Paix debout (187). — ℞. P. M. TR. P. COS. P. P. La Santé assise (219). *Quatre pièces.* T. B. et F. D. C. Æ.

296. — ℞. P. M. TR. P. VI. COS. II. P. P. Sévère debout, sacrifiant (325). — ℞. P. M.. etc. Mars debout (365). — ℞. PROVIDENTIA AVG. La Providence debout (501). — ℞. VIRTVS AVG. La Valeur debout (576).

Quatre pièces. T. B. et F. D. C. Æ.

297. — ℞. P. M. TR. P. VIIII. COS. III. P. P. S. C. Le Soleil debout (392). — ℞. PROVIDENTIA AVG. S. C. La Providence debout, à gauche (506).

Deux pièces. T. B. M. B.

ORBIANA FEMME DE SÉVÈRE

298. SAL. BARBIA ORBIANA AVG. Son buste, à droite.

℞. CONCORDIA AVGG. La Concorde, assise à gauche (1).

B. Æ.

MAMÉE MÈRE DE SÉVÈRE

299. IVLIA MAMAEA AVG. Son buste, à droite. — ℞. IVNO CONSERVATRIX. Junon debout (35). — ℞. FELICITAS PVBLICA. La Félicité debout (17).

Deux pièces. T. B. et F. D. C. Æ.

300. — ℞. VENERI FELICI. Vénus debout (60). — ℞. FELICITAS PVBLICA S. C. La Félicité debout (22).

Deux pièces. T. B. Æ. et M. B.

MAXIMIN I

301. MAXIMINVS PIVS AVG. GERM. Son buste lauré et drapé, à droite.

℞. VICTORIA GERM. Victoire debout, à gauche; à ses pieds, un captif (108). *Très rare.* T. B. Q, Æ.

302. — ℞. FIDES MILITVM. La Foi debout (7). — ℞. PAX AVGVSTI. La Paix debout (31). — ℞. P. M. TR. PP. P. Maximin

debout entre deux enseignes (46). — ℞. PROVIDENTIA AVG. La Providence debout (74).

Quatre pièces. T. B. et F. D. C. AR.

303. — ℞. SALVS AVGVSTI. La Santé assise (85). — ℞. VICTORIA AVG. Victoire passant (99). — ℞. VICTORIA GERM. Victoire à gauche (107). *Trois pièces.* T. B. et F. D. C. AR.

304. — ℞. VOTIS DECENNALIBVS en trois lignes, dans une couronne (117). *Rare.* T. B. AR.

305. — ℞. PAX AVGVSTI S. C. La Paix debout, à gauche (34). — ℞. La même médaille (35).

Deux pièces. B. et T. B. G. et M. B.

PAULINE FEMME DE MAXIMIN

306. DIVA PAVLINA. Son buste, à droite.

℞. CONSECRATIO. Paon éployé, de face (1). T. B. AR.

MAXIME CÉSAR

307. IVL. VERVS MAXIMVS CAES. ℞. CAES. Son bnste, à droite.

℞. PIETAS AVG. Instrumentts de sacrifice (1).

F. D. C. AR.

308. — ℞. PRINC. IVVENTVTIS. Maxime debout, à gauche, avec deux enseignes (10). T. B. AR.

309. — La même médaille avec S. C. *Deux pièces.* B. G. B.

310. — ℞. PIETAS AVG. S. C. Instruments de sacrifice.

T. B. M. B.

GORDIEN D'AFRIQUE PÈRE

311. IMP. M. ANT. GORDIANVS AFR. AVG. Son buste lauré et drapé, à droite.

℞. P. M. TR. P. COS. P. P. Gordien debout, à gauche, tenant un rameau (2). F. D. C. AR.

BALBIN

312. IMP. CAES. D. CAEL. BALBINVS AVG. Son buste radié, à droite.
℞. CONCORDIA AVGG. Deux mains jointes (3). T. B. Æ.

313. — ℞. FIDES MVTVA AVGG. Même type (6). T. B. Æ.

314. — ℞. LIBERALITAS AVGVSTORVM. La Libéralité debout, à gauche (10). T. B. Æ.

315. — ℞. Même légende avec S. C. Balbin, Pupien et Gordien III sur une estrade, à gauche (13). *Très rare.* T. B. G. B.

316. — ℞. PROVIDENTIAE DEORVM S. C. La Providence debout, à gauche (14). T. B. G. B.

317. ℞. IOVI CONSERVATORI S. C. Jupiter debout, à gauche (9). *Très rare.* T. B. M. B.

PUPIEN

318. IMP. CAES. PVPIEN. MAXIMVS AVG. Son buste radié, à droite.
℞. AMOR MVTVVS AVGG. Deux mains jointes (2). T. B. Æ.

319. — ℞. CARITAS MVTVA AVGG. Même type (3). T. B. Æ.

320. — ℞. La même médaille, la légende variée du côté de la tête (4). T. B. Æ.

321. — ℞. P. M. TR. P. COS. II. P. P. S. C. L'empereur debout, à gauche (30). T. B. G. B.

322. — ℞. VICTORIA AVGG. S. C. Victoire debout (40). T. B. G. B.

GORDIEN III CÉSAR

323. M. ANT. GORDIANVS CAES. Son buste drapé, à droite.
℞. PIETAS AVG. Vases de sacrifice (182). *Rare.* F. D. C. Æ.

324. — La même médaille avec S. C. (183). *Rare.* T. B. G. B.

GORDIEN III EMPEREUR

325. IMP. CAES. M. ANT. GORDIANVS AVG. Son buste lauré, à droite.

℞. VICTORIA AVG. Victoire debout, à gauche, tenant une palme et une couronne (356). F. D. C. AV.

326. — ℞. AETERNITATI AVG. Le Soleil debout, à droite (40). *Rare.* T. B. Q. AR.

327. — ℞. AEQVITAS AVG. L'Equité debout (17). — ℞. AETERNITATI AVG. Le Soleil debout (39). — ℞. CONCORDIA AVG. La Concorde assise (50). — ℞. FELICIT. TEMPOR. La Félicité debout (72). — ℞. La même pièce avec FELICITAS (81). — ℞. FIDES MILITVM. La Foi debout (80). *Six pièces.* T. B. et F. D. C. AR.

328. ℞. FIDES, etc. Même type (92). — ℞. FORTVNA REDVX. La Fortune assise (98). — ℞. IOVI COVSERVATORI. Jupiter debout (105). — ℞. IOVI STATORI. Jupiter debout (109). ℞. LAETITIA AVG. N. La Joie debout (121). — ℞. LIBERALITAS AVG. III. La Libéralité debout (142). *Six pièces.* T. B. et F. D. C. AR.

329. — ℞. P. M. TR. P. II. COS. P. P. Mars debout (182). — ℞. Même légende. L'empereur sacrifiant (210). — ℞. P. M. TR. P. II. COS. P. P. L'empereur à cheval (234). — ℞. Même légende avec COS. II. Apollon assis (237). — Même légende. L'empereur debout (253). — ℞. P. M. TR. P. IIII. COS. II. P. P. Apollon assis (261). *Six pièces.* T. B et F. D. C. AR.

330. — ℞. P. M. TR. P. V. COS. II. P. P. L'empereur debout (266). — ℞. PROVID. AVG. La Providence debout (296). — ℞. PROVIDENTIA AVG. La Providence debout (302). — ℞. ROMAE AETERNAE. Rome assise (312). — ℞. SALVS AVGVSTI. La Santé debout (324). — ℞. SECVRITAS PERPETVA. La Sécurité debout (334). *Six pièces.* T. B. et F. D. C. AR.

331. — ℞. VENVS VICTRIX. Vénus debout (347). — ℞. VICTORIA AETERNA. Victoire debout (353). — ℞. VICTORIA AVG. Victoire debout (357). — ℞. VIRTVS AVG. Mars debout. (381). *Deux pièces variées.* — ℞. VIRTVTI AVGVSTI. Hercule debout (404). *Six pièces.* T. B. et F. D. C. AR.

332. — ℞. ABVNDANTIA AVG. S. C. L'Abondance debout, à droite (1). *Belle patine.* F. D. C. G. B.

333. — ℞. VICTORIA AVG. S. C. Victoire à gauche (368). *Très belle patine verte.* F. D. C. G. B.

334. — ℞. VIRTVS AVG. S. C. Gordien combattant à droite (394). B. M. B.

PHILIPPE PÈRE

335. IMP. M. IVL. PHILIPPVS AVG. Son buste radié, à gauche. ℞. AEQVITAS AVG. L'Equité debout, à gauche (8). *Rare.* F. D. C. AR.

336. — Même buste et même légende. — ℞. FELICITAS IMP. P. en trois lignes dans une couronne (41). *Rare.* F. D. C. AR.

337. — La même pièce, le buste, à droite (39). *Rare.* T. B. AR.

338. — ℞. PAX FVNDATA CVM PERSIS. La Paix debout, à gauche (113). *Rare.* T. B. AR.

339. — ℞. ADVENTVS AVGG. L'empereur à cheval (3). — ℞. AEQVITAS AVG. L'Equité debout (9). — ℞. AETERNITAS AVG. Eléphant (67). — ℞. ANNONA AVG. L'Abondance debout (25). — ℞. FELICITAS AVG. La Félicité debout (43). — ℞. VIRTVS EXERCITVS. Quatre enseignes (50). — ℞. FIDES MILIT. La Foi debout (55). *Six pièces.* T. B. et F. D. C. AR.

340. — ℞. LAETIT. FVNDAT. La Joie debout (81). — ℞. NOBILITAS AVG. Femme debout (98). — ℞. P. M. TR. P. COS. II. P. P. L'empereur assis (120). — ℞. Même légende. La Féli-

cité debout (123). — ℞. Le même, avec TR. P. IIII. (136). — ℞. PROVID. AVG. La Providence debout (161).
Six pièces. T. B. et F. D. C. AR.

341. — ℞. ROMAE AETERNAE. Rome assise (165). — ℞. SAECVLARES AVG. Lion, à droite (173). — ℞. Même légende. La Louve (177). — ℞. Même légende. Cerf (186). — ℞. Même légende. Cippe avec COS. III. (193). — ℞. Même légende. Temple (198). *Six pièces.* T. B. AR.

342. — ℞. SALVS AVG. La Santé debout, à gauche (20). — ℞. Même légende. La Santé à droite (209). — ℞. SECVRIT. ORBIS. La Sécurité assise (215). — ℞. TRANQVILLITAS AVG. La Tranquillité debout (223). — ℞. VICTORIA AVG. Victoire debout (235). *Cinq pièces* T. B. et F. D. C AR.

343. — ℞. VIRTVS AVGG. Les deux empereurs au galop, à droite ; à l'exergue E (241)? *Rare.* B. AR.

344. — ADVENTVS AVGG. S. C. L'empereur à cheval, à droite (6). *Rare.* B. G. B.

345. — ℞. ANNONA AVGG. S. C. l'Abondance debout (26). *Belle patine.* T. B. G. B.

346. — ℞. IMP. IIII. COS. P. P. S. C. L'empereur assis, à gauche (121). T. B. G. B.

347. — ℞. P. M. TR. P. III. COS. P. P. S. C. La Félicité debout (126). B. G. B.

348. — ℞. VOTIS DECENNALIBVS S. C. en trois lignes dans une couronne (246). *Rare.* B. G. B.

OTACILIE, FEMME DE PHILIPPE

349. M. OTACIL. SEVERA AVG. Son buste, à droite. ℞. CONCORDIA AVGG. La Concorde assise (4 et 17). — ℞. PIETAS AVG. La Piété debout (37 et 39). — ℞. SAECVLARES AVGG. IIII. Hippopotame (63). *Cinq pièces* B. T. B. AR.

350. — ℞. CONCORDIA AVGG. S. C. La Concorde assise. (15). T. B. G. B.

351. — ℞. PVDICITIA AVG. S. C. La Pudeur assise (55).
T. B. G. B.

352. — ℞. SAECVLARES AVGG. S. C. Cippe (70). T. B. M. B.

PHILIPPE FILS CÉSAR

353. M. IVL. PHILIPPVS CAES. Son buste radié à droite. ℞. PRINCIPI IVVENT. Philippe et un soldat debout (59).
Rare. B. Æ.

354. — ℞. IOVI CONSERVAT. Jupiter debout (13). — ℞. PRINCIPI IVVENT. Philippe debout (48, 54, 57 et 61).
Cinq pièces. B. T. B. Æ.

355 — ℞. PRINCIPI IVVENT. S. C. Philippe debout, à gauche (49).
T. B. G. B.

PHILIPPE FILS EMPEREUR

356 IMP. M. IVL. PHILIPPVS AVG. Son buste radié, à gauche. ℞. ROMAE AETERNAE. Rome assise à gauche (71).
Rare. T. B. Æ.

357. — ℞. AETERNIT IMPER. Le Soleil debout (6). — ℞. LIBERALITAS AVGG. III. Les deux empereurs assis (17). *Rare.* — ℞. PAX AETERNA. La Paix debout (23). — ℞. SAECVLARES AVGG. III. Chèvre (72). — ℞. VIRTVS AVGG. Mars (88).
Cinq pièces. T. B. Æ.

358. — SAECVLARES AVGG. S. C. Cippe (79).
Grand module. B. M. B.

TRAJAN DÈCE

359. IMP. CAES. TRAI. DECIVS AVG. Son buste radié, à droite. ℞. VICTORIA GERMANICA. L'empereur à cheval, à gauche, précédé par la Victoire (122). *Rare.* T. B. Æ.

360. — ℞. ADVENTVS AVG. L'empereur à cheval (4). — ℞. ABVNDANTIA AVG. L'Abondance debout (2). — ℞. DACIA. La Province debout (13). — ℞. DACIA FELIX. Même type

(32). — ℞. GEN. ILLVRICI. Génie debout (44). — GENIVS EXER. etc. Même Génie (86). *Six pièces.* T. B. AR.

361. — ℞. GENIVS, etc. Même génie (63 et 65). — ℞. PANNONIAE. La Province debout (74). — ℞. Même légende. Les deux Pannonies debout (79 et 80). — ℞. VICTORIA AVG. Victoire passant (113). *Six pièces.* T. B. et F. D. C. AR.

362. — ℞. DACIA S. C. La Province debout. *Belle patine.* B. G. B.

363. — ℞. GENIVS EXERCITVS ILLVRICIANI S. C. Génie debout, à gauche (65). T. B. G. B.

364. — ℞. S. C. Mars debout, à gauche (102). T. B. P. B.

ETRUSCILLE, FEMME DE TRAJAN DÈCE

365. HER. ETRVSCILLA AVG. Son buste à droite. — ℞. FECVNDITAS AVG. La Fécondité debout (8). — ℞. PVDICITIA AVG. La Pudeur assise (19). *Deux pièces.* T. B. AR.

HERENNIUS ETRUSCUS CÉSAR, FILS DE TRAJAN DÈCE

366. HEREN. ETRV. MES. QV. DECIVS CAESAR. Son buste radié et drapé à droite, dessous quatre points.
℞. AEQVITAS AVG. L'Équité debout, à gauche (2).
Rare. B. AR.

367. — ℞. CONCORDIA AVGG. Deux mains jointes (4). — ℞. PIETAS AVGVSTORVM. Vases de sacrifice (14). — ℞. SPES PVBLICA. L'Espérance debout, (38). *Trois pièces.* B. et T B. AR.

HOSTILIEN CÉSAR, DEUXIÈME FILS DE TRAJAN DÈCE

368. Q. VAL. HOS. MES. QVINTVS N. C. Son buste radié, à droite. — ℞. MARS PROPVG. Mars, à droite (12). — ℞. MARTI PROPVGNATORI. Même type. (15).
Deux pièces. T. B. AR.

369. — ℞. PRINCIPI IVVENTVTIS. Hostilien debout, à gauche (34). T. B. AR.

HOSTILIEN EMPEREUR

370. IMP. CAE. C. VAL. HOS. MES. QVINTVS. AVG. Son buste radié, à droite.

℞. SECVRITAS AVGG. La Sécurité debout (57). T. B. Æ.

TRÉBONIEN GALLE

371. IMP. C. VIB. TREB. GALLVS AVG. Son buste radié, à droite. — ℞. VOTIS DECENNALIBVS, en trois lignes dans une couronne (136). *Rare.* T. B. Æ.

372. — ℞. APOL. SALVTARI. Apollon debout (20). — ℞ FELICITAS PVBLICA. La Félicité debout (41). — ℞. IVNONI MARTIALIS. Temple (49). — ℞. LIBERTAS PVBLICA. La Liberté debout (68). *Quatre pièces.* B. et T. B. Æ.

373. — ℞. PAX AETERNA. La Paix debout (76). — ℞. PIETAS AVGG. La Piété debout (84 et 88). — ℞. VIRTVS AVGVS. La Santé debout (121). *Quatre pièces* B. et T. B. Æ.

374. — ℞. SALVS AVG. S. C. La Santé debout, à droite (115). B. G. B.

VOLUSIEN

375. IMP. CAE. C. VIB. VOLVSIANO AVG. Son buste radié, à droite. — ℞. AEQVITAS AVGG. L'Equité debout (8). — ℞. CONCORDIA AVGG. La Concorde assise (25). — ℞. FELICITAS PVBL. La Félicité debout (32). — ℞. IVNONI MARTIALI. Temple (48).
Quatre pièces. T. B. et F. D. C. Æ.

376. — ℞. Même temple (45). — ℞. PAX AVGG. La Paix debout. (70). — ℞. P. M. TR. P. IIII. COS. II. Jupiter debout (92). — ℞. Même légende. L'empereur sacrifiant (94).
Quatre pièces. T. B. Æ.

EMILIEN

377. IMP. AEMILIANVS PIVS FEL. AVG. Son buste radié, à droite.
℞. APOL. CONSERVAT. Apollon debout, à gauche (2).
T. B. AR.

378. — ℞. HERCVL. VICTORI. Hercule debout, à droite (13).
T. B. AR.

379. — ℞. P. M. TR. P. I. P. P. Emilien debout, sacrifiant (32).
T. B. AR.

380. — ℞. ROMAE AETERNAE. Rome debout, à gauche (41).
T. B. AR.

381. — ℞. SPES PVBLICA. L'Espérance debout (48).
F. D. C. AR.

382. — ℞. VIRTVS AVGG. La Valeur debout, à gauche (60 *var.*).
B. AR.

383. — ℞. AETERNITAS AVGG. S. C. L'Eternité debout à gauche (1). T. B. G. B.

VALÉRIEN PÈRE

384. IMP. C. P. LIC. VALERIANVS P. F. AVG. Son buste lauré, à droite.
℞. IOVI CONSERVAT. Jupiter debout, à gauche (90). *Rare.*
AR. Q.

385. — ℞. APOLLINI PROPVG. Apollon debout (25). — ℞. FIDES MILITVM. La Foi debout (71). — ℞. GALLIENVS CVM EXER. SVO. Jupiter debout (77). *Rare.* — ℞. IOVI, etc. Jupiter debout (94). — ℞. PIETAS AVGG. Deux figures debout (152). *Cinq pièces.* B. et T. B. AR.

386. — ℞. RELIGIO AVGG. Diane debout (178). *Rare.* T. B. AR.

387. — ℞. RESTITVTOR ORBIS. L'empereur debout (184). — ℞. RESTITVTOR ORIENTIS. Deux figures debout (190). — ℞. VICTORIA AVGG. Victoire debout (221 et 236).
Quatre pièces rares. T. B. AR.

388. — ℞. VIRTVS AVG. S. C. Mars debout, à gauche (249).
T. B. G. B.

VALÉRIEN ET GALLIEN

389. CONCORDIA AVGVSTORVM. Bustes laurés et drapés des deux empereurs.
℞. ADVENTVS AVGG. Les deux empereurs à cheval, à gauche, entre la Victoire et un Soldat (4). T. B. M. B.

MARINIANA, FEMME DE VALÉRIEN

390. DIVAE MARINIANAE. Son buste, à droite, sur un croissant.
℞. CONSECRATIO. Paon enlevant l'Impératrice (16).
T. B. Æ.

391. — ℞. CONSECRATIO. Paon éployé de face (3). Æ.

GALLIEN [1]

392. IMP. C. P. LIC. GALLIENVS AVG. Son buste lauré, à droite.
℞. PROVIDENTIA AVG. La Providence debout, à gauche (879). F. D. C. AV.

393. — Même buste et même légende.
℞. VIRTVS AVG. Mars debout, à gauche (1217).
F. D. C. AV.

394. ℞. ABVNDANTIA AVG. S. P. Q. R. Fleuve couché, à gauche; à l'exergue S. P. Q. R. (8). *Unique.* Æ.

395. — ℞. Même légende. L'Abondance debout (2). — ℞. AEQVITAS AVG. L'Equité debout (20, 24 et 27). — ℞. AETERNITAS AVG. L'Eternité debout (48). — ℞. Même légende. La Louve (47). *Six pièces.* B. et T. B. B.

396. — ℞. La Louve précédente (47). — ℞. APOLLINI CONS. AVG. Centaure (72). — ℞. Même légende. Griffon (76).

1. A partir de cette époque, jusqu'à Dioclétien, nous ne mettons plus le métal pour les pièces d'argent, qui sont généralement en petit bronze saucé.

— ℞. BON. EVEN. AVG. Bonus Eventus debout (98). — ℞. COHH. PRAET. VI. P. VI. F. Lion, à droite (104). — ℞. CONCORDIA AVGG. Deux mains jointes (125).

Six pièces. B. et T. B. B.

397. — ℞. CONCORDIA EXERCIT. La Concorde debout (129). — ℞. CONSERVAT. PIETAT. Gallien debout (144). *Rare.* — ℞. DEO MARTI. Mars dans son temple (149). — ℞. DIANAE CONS. AVG. Antilope (165).

Quatre pièces. B. et T. B. B.

398. — ℞. FECVNDITAS AVG. La Fécondité debout (179). — ℞. FIDEI PRAET. Quatre enseignes (217). — ℞. FIDES LEG. Gallien debout (225). *Rare.* — ℞. FORTVNA AVG. S. P. Q. R. La Fortune debout (259). *Rare.* — ℞. FORT. REDVX. La Fortune assise et debout (261 et 269). — ℞. Même revers. B. *Quinaire.* (276). *Rare.*

Sept pièces. T. B. et F. D. C. B.

399. — ℞. GENIVS AVG. Génie debout (295). — ℞. GERMANICVS, etc. Trophée (308 et 310). — ℞. HERCVLI CONS. AVG. Lion, à gauche (314). — ℞. Même légende. Sanglier (317). — ℞. INDVLGENT. AVG. L'Indulgence assise (327). — ℞. IOVI CONS. AVG. Chèvre (345). — ℞. IOVI PATRI. Jupiter debout (381). — ℞. IOVI STATORI. Même type (388). — ℞. IOVI VICTORI. Jupiter sur un cippe (397).

Dix pièces. B. et T. B. B.

400. — ℞. IVBENTVS AVG. Junon debout (415). *Rare.* — ℞. LAETITIA AVG. La Joie debout (425). — ℞. LEG. I. ADI. VI. P. VI. F. Capricorne (446). — ℞. LEG. I., etc. Minerve debout (459). *Rare.* *Quatre pièces.* B.

401. ℞. LEG. III ITAL., etc. Cigogne? (487). — ℞. LEG. IIII. FL. VI. P. VI. F. Lion courant (500). — ℞. LEG. VII. CL., etc. Taureau, à droite (510). — ℞. LEG. XIII. GEM., etc. Victoire et lion (537). — ℞. LEG. XIIII. GEM., etc. Capricorne (540). *Cinq pièces rares.* B. et T. B. B.

402. — ℞. LIBERAL. AVG. La Libéralité debout (562). —

℟. LIBERO, etc. Panthère (586). — ℟. LVNA LVCIF. Diane debout (599). — ℟. MARS AVG. Mars debout (604). *Rare.* — ℟. MARS VICTOR. Mars debout (605). — ℟. MARTI PACIFERO. Mars debout (617). — ℟. MERCVRIO CONS. AVG. Bélier marin, à droite (631). *Rare.* — ℟. MINERVA AVG. Mars debout (632 et 634). — ℟. NEPTVNO CONS. Capricorne (670). *Sept pièces.* B. et T. B. B.

403. — ℟. OB. REDDIT. LIBERT. La Liberté debout (681). *Très rare.* T. B. B.

404. — ℟. ORIENS AVG. Le Soleil debout (690). — ℟. PAX FVNDATA. Trophée (769). — La même pièce. La légende rétrograde (769, *var.*). — ℟. PIETAS AVG. VII. C. La Piété debout (788). — ℟. P. M. TR. P. VII. COS. L'empereur debout, sacrifiant (818). — ℟. Même légende. L'empereur assis (826). — ℟. P. M. TR. XIII. C. VI. P. P. Lion, à gauche (847). — ℟. P. M. TR. P. XV. VII. C. P.P. Neptune debout (848).

Sept pièces. B. et T. B. B.

405. ℟. P. M. TR. P. XVI. COS. VII. L'empereur debout (851). — ℟. PROVIDENTIA AVG. Mercure debout (875). — ℟. Même légende avec AVGG. La Providence debout (887). — ℟. RESTIT. GALLIAR. Gallien debout (897). — ℟. ROMAE AETERNAE. Rome assise (919). — ℟. SAECVLARES AVG. Cerf (912). *Deux pièces.* — ℟. SALVS AVG. La Santé debout (934). *Huit pièces.* B. et T. B. B.

406. — ℟. SALVS ITAL. La Santé et l'empereur debout (943). *Rare.* T. B. B.

407. — ℟. SECVRIT. PERPET. La Sécurité debout (960). B. Q.

408. — ℟. Même revers, module ordinaire (961). — ℟. SOLI CONS. AVG. Pégase (981). — ℟. Même légende. Taureau (983). — ℟. SOLI INVICTO. Le Soleil debout (987). — ℟. Le même avec P. XV. (989). *Rare.* — ℟. VBERITAS AVG. La Fertilité debout (1008).

Six pièces. B. et T. B. B.

409. ℞. VENVS AVG. Vénus debout (1022). *Rare.* — ℞. VICT. GAL. AVG. Trois Victoires debout (1032). *Rare.* — ℞. VICT. GERMANICA. Victoire entre deux captifs (1062). *Rare.* *Trois pièces.* B.

410. — ℞. VICTORIA AET. Victoire debout, à gauche (1070). *Rare.* B. Q.

411. — ℞. VICTORIA AVG. Victoire à gauche (1094). *Deux pièces rares.* B. et T. B. B.

412. — ℞. VICTORIA AVG. Victoire couronnant l'empereur (1113). *Rare.* T. B. B.

413. — ℞. VICTORIA AVG. III. Victoire debout (1118). — ℞. VICTORIA GERMAN. Victoire et l'empereur debout (1173). VICTORIA AVG. IT. GERM (1198). — ℞. VIRT. GALLIENI AVG. Gallien au galop, à droite (1204). — ℞. VIRT. GALLIENI AVG. Gallien à cheval (1206). — ℞. VIRTVS AVG. Mars debout (1221, 1235 et 1245). *Huit pièces* B. et T. B. B.

414. — ℞. VIRTVS AVG. S. P. Q. R. Hercule debout (1249 et 1250). *Rare.* — ℞. VIRTVS AVGG. L'empereur debout (1309). — ℞. Même légende. Les deux empereurs debout (1310). — ℞. VOTA DECENALIA. Victoire, à droite (1334). — ℞. VOTIS DECENNALIB. Dans une couronne (1339). *Six pièces.* B. et T. B. B.

415. — ℞. VIRTVTI AVG. S. P. Q. R. Gallien en amazone debout, à droite (1339). *Très rare.* T. B. B.

416. — ℞. Même légende. Trophée ; au pied, deux captifs (1331). *Rare.* B. B.

417. — ℞. VOTIS DECENNALIBVS S. C. Dans une couronne (1348). M. B.

GALLIEN ET SALONINE

418. — CONCORDIA AVGVSTORVM. Leurs deux bustes affrontés. ℞. ADVENTVS AVGG. Gallien et Salonin à cheval, à gauche, précédés par la Victoire (1). *Très rare.* T. B. M. B.

SALONINE, FEMME DE GALLIEN

419. SALONINA AVG. Son buste à droite.
℟. PIETAS AVGG. La Piété assise, à gauche, près d'elle trois enfants (85). T. B. B. Q.

420 — ℟. CERERI AVG. Cérès assise, à gauche (22). *Rare.* T. B. B.

421. — ℟. AEQVITAS AVG. VII. C. L'Équité debout (4). — ℟. AVG. IN PACE. Salonine assise (17). — ℟ DEAE SEGETIAE. Temple (36). — ℟. FECVNDITAS AVG. La Fécondité debout (39). — ℟. FELICITAS PVBLICA. La Félicité assise (50). *Cinq pièces.* B. et T. B. B.

422. — ℟. FORTVNA AVG. La Fortune debout, à gauche, sacrifiant sur un autel. *Inédite.* B.
℟. MINERVA AVG. S. P. Q. R. Minerve debout, à droite, appuyée sur son bouclier. *Inédite. Deux pièces.*

423. — ℟. IVNO REGINA. Junon debout (58). — ℟ SALVS AVG. S. P. Q. R. Hygiée debout (105). — ℟. VENVS FELIX. Vénus debout (115). — ℟. VENVS VICTRIX. Vénus debout (131). *Quatre pièces.* T. B. et F. D. C. B.

SALONIN CÉSAR, FILS DE GALLIEN

424. D. C. L. VALERIANVS NOB. CAE. Son buste, la tête nue, à droite.
℟. PRINCIPI IVVENTVTIS. Salonin debout, à gauche (80). T. B. B. Q.

425. — ℟. CONSECRATIO. Aigle enlevant Salonin (5). — ℟. Bûcher (6). — ℟. CONSECRATIO. Aigle (9). — ℟. CONSECRATIO. Autel (12). — ℟. PIETAS AVG. Instruments de sacrifice (41). *Cinq pièces.* B. et T. B. B.

426. — ℟. DII NVTRITORES. Jupiter et Salonine debout (21). *Très rare.* T. B. B.

VALÉRIEN JEUNE?

427. VALERIANVS P. F. AVG. Son buste radié, à droite. — ℞. DEO VOLKANO. Vulcain dans son temple (2). — ℞. ORIENS AVGG. Le Soleil debout (5). — ℞. SECVRIT. PERPET. La Sécurité debout (9).
Trois pièces. B. et T. B. B.

MACRIEN JEUNE

428. IMP. C. FVL. MACRIANVS P. F. AVG. Son buste radié, à droite. ℞. INDVLGENTIAE AVG. L'Indulgence assise, à gauche (6).
T. B. B.

429. — ℞. SOLI INVICTO. Le Soleil debout, à gauche (12).
F. D. C. B.

QUIETUS

430. IMP. C. FVL. QVIETVS P. F. AVG. Son buste radié, à droite. ℞. APOLLINI CONSERVA. Apollon debout (3). T. B. B.

431. — ℞. INDVLGENTIAE AVG. L'Indulgence assise, à gauche (6). T. B. B.

432. — ℞. ROMAE AETERNAE. Rome assise, à gauche (11).
T. B. B.

POSTUME PÈRE, EMPEREUR DES GAULES

433. POSTVMVS PIVS AVG. Sa tête laurée, à droite.
℞. P. M. TR. P. IMP. V. COS. III. P. P. L'empereur assis, à gauche (287). T. B. AV.

434. — ℞. DIANAE REDVCI. Diane et le cerf (35). — ℞. PACATOR ORBIS. Tête du Soleil (214).
Rare. Deux pièces. T. B. B.

435. — ℞. PAX AVG. La Paix debout (218). *Rare.* F. D. C. B.

436. — ℞. P. M. TR. P. VIIII. COS. IIII. P. P. Arc, carquois et massue (282). *Rare.* F. D. C. B.

437. — ℟. IMP. X. COS. V. P. P. Victoire debout (285). *Rare.* — ℟ RESTIT. GALLIARVM. L'empereur relevant la province (313). *Rare. Deux pièces.* T. B. et F. D. B.

438. — ℟. CONCORD AEQVIT. La Concorde debout (18). — ℟ FIDES EXERCITVS. Quatre enseignes (65). — ℟. HERC. DEVSONIENSI. Temple (98). — ℟. IMP. X. COS. V. Victoire (144). — ℟. IOVI VICTORI. Jupiter debout (161). — ℟. MINER. FAVTR. Minerve debout (195) — ℟ MONETA AVG. L'Équité debout (199). — ℟. PAX EQVITVM. — La Paix debout (228). — ℟. P. M. TR. P. COS II. Mars debout (261). — ℟. P. M. TR. P. IIII. COS. III. P. P. Mars debout (273). — ℟. PROVIDENTIA AVG. La Providence debout (295). *Onze pièces.* T. B. et F. D. C. B.

439. — ℟. REST. ORBIS. Postume relevant la province (323). *Rare.* — ℟. SAECVLI FELICITAS. Postume debout (331). — ℟. Même légende. Caducée (333). — ℟. SALVS AVG. Esculape debout (336). — ℟. SALVS POSTVMI AVG. La Santé debout (350). — ℟. SALVS PROVINCIARVM. Fleuve couché (352). — ℟. SERAPIDI COMITI AVG. Sérapis debout (360). — ℟. VICTORIA GERMANICA. Victoire debout (405). — ℟. VIRTVS AVG. Mars debout (419). — ℟. VIRTVS EQVIT. Mars debout (441). — ℟. VIRTVS EQVITVM. Hercule debout (443).
Onze pièces. T. B. et F. D. C. B.

440. — FELCITAS (*sic*) AVG. Trophée (50). T. B. G. B.

441. — ℟. VICTORIA AVG. Victoire debout, à gauche (379).
B. G. B.

LAELIEN, EMPEREUR DES GAULES

442. IMP. C. LAELIANVS P. F. AVG. Son buste radié, à droite. ℟. VICTORIA AVG. Victoire passant à droite (4).
F. D. C. B.

VICTORIN PÈRE, EMPEREUR DES GAULES

443. IMP. CAES. VICTORINVS P. F. AVG. Son buste lauré, à gauche.
℞. COMES AVG. Victoire debout, à gauche (17). *Très rare.* T. B. B.

444. — ℞. CONSECRATIO. Aigle (23). *Rare.* — ℞. FIDES MILITVM. La Foi debout (34). *Deux pièces.* B. et F. D. C. B.

445. — ℞. INVICTVS. Le Soleil debout (46). — ℞. PAX. AVG. La Paix debout (79). — ℞. PAX AVG. La Paix debout (93). — ℞. SALVS AVG. La Santé debout (118). — ℞. VIRTVS AVG. Mars debout (131). *Cinq pièces.* B. et T. B. B.

MARIUS, EMPEREUR DES GAULES

446. IMP. C. MARIVS P. F. AVG. Son buste radié, à droite.
℞. CONCORDIA MILITVM. Deux mains jointes (4). F. D. C. B.

447. — ℞. SAEC. FELICITAS. La Félicité debout, à gauche (12). *Deux pièces.* T. B. B.

448. — ℞. VICTORIA AVG. Victoire debout, à gauche (19). B. B.

449. — ℞. Variété de la même pièce (21). T. B. B.

TÉTRICUS PÈRE, EMPEREUR DES GAULES

450. IMP. TETRICVS P. F. AVG. Son buste radié, à droite. — ℞. SALVS AVG. La Santé debout, à gauche (149). *Rare.* T. B. P. B.

451. — ℞. COMES AVG. Victoire debout (17). — ℞. HILARITAS AVG. L'Allégresse debout (56). — ℞. LAETITIA AVG. La Joie debout (70). — ℞. Sans revers. *Quatre pièces.* B.

TETRICUS FILS, CÉSAR

452. C. PIV. ESV. TETRICVS CAES. Son buste, à droite. — ℞. SPES AVGG. L'Espérance debout (88). — ℞. SPES AVGG. Instruments de sacrifice (*inédite*). — ℞. SPES PVBLICA. L'Espérance debout (97). — ℞. VIRTVS AVG. Mars debout (105) et une pièce barbare.
Cinq pièces. B. et T. B. B.

CLAUDE II LE GOTHIQUE

453. IMP. C. M. AVR. CLAVDIVS AVG. Son buste lauré, à droite. ℞. P. M. TR. P. C. P. P. La Louve, à droite, allaitant les deux enfants ; à l'exergue S. P. Q. R. (*inédite*).
T. B. P. B.

454. — ℞. VOTA ORBIS. Deux Victoires attachant un bouclier à une palme (327). *Rare*. F. D. C. P. B.

455. — ℞. ADVENTVS AVG. L'empereur à cheval (3). — ℞. AEQVITAS AVG. L'Equité debout (6). — ℞. ANNONA AVG. L'Abondance debout (21). — ℞. CONSECRATIO. Aigle (46). — ℞. CONSECRATIO. Autel (50 et 53). *Rare*.
Six pièces. B. et T. B. P. B.

456. ℞. CONSECRATIO. Grand bûcher avec deux figures debout (55). *Rare*. — ℞. DIANA LVCIF. Diane debout (69). — ℞. FELIC. TEMP. La Félicité debout (77).
Trois pièces. B. et T. B. P. B.

457. — ℞. FIDES EXERCI. La Foi debout (84). — ℞. FIDES MILI. Même type (88). — ℞. FORTVNA. REDVX. S. P. Q. R. La Fortune debout (103). *Rare*. — ℞. GENIVS AVG. Génie debout (40). — ℞. IOVI STATORI. Jupiter debout (124). — ℞. MARS VLTOR. Mars debout (160).
Six pièces. B. et T. B. P. B.

458. — ℞. MEMORIAE AETERNAE. Aigle (174). — ℞. ORIENS. AVG. Le Soleil debout (185). — ℞. PAX AETERNA. S. P.

Q. R. La Paix debout (192). *Rare.* — R͏̸. PAX. AVG. Même type (202). — R͏̸. P. M. TR. P. II. COS. P. P. Claude debout (214 et 216).

Six pièces. B. et T. B. P. B.

459. — R͏̸. MINERVA AVG. S. P. Q. R. Minerve debout (178). *Rare.* T. B. P. B.

460. — R͏̸. SALVS AVG. Apollon debout (251). — R͏̸. SALVS AVG. Esculape debout (252 et 254). *Rare.* — R͏̸. SPES PVBLICA. L'Espérance debout (284). — R͏̸. VICTORIA AVG. Victoire passant (302 et 303).

Six pièces. B. et T. B. P. B.

461. — R͏̸. VICTORIA GOTHICA. Trophée (308). T. B. P. B.

462. — La même médaille avec S. P. Q. R. T. B. P. B.

463. — La même médaille. Le buste non drapé. T. B. P. B.

464. — Autre variété de la même pièce (309). T. B. P. B.

465. — R͏̸. VIRTVS AVG. Mars passant (315). — R͏̸. VIRTVTI AVG. Trophée (881). *Rare.* B. et T. B. P. B.

* QUINTILLE

465 *bis.* IMP. C. M. AVR. CL. QVINTILLVS AVG. Son buste radié à droite.

R͏̸. MARTI. PACIF. Mars debout (49). — R͏̸. CONC. EXER. La Concorde debout. *Deux pièces.* F. D. C. B.

465 *ter.* R͏̸. MARTI PACI. Mars debout (47). — R͏̸. PAX AVGVSTI. La Paix debout (52). — R͏̸. PROVID. AVG. La Providence debout (55). — R͏̸. SECVRIT. AVG. La Sécurité debout (63). — R͏̸. VBERITAS AVG. La Fertilité debout.

Quatre pièces. B. et T. B. B.

AURÉLIEN

466. IMP. C. AVRELIANVS AVG. Son buste lauré, à droite.

R͏̸. RESTITVTOR ORIENTIS. Le Soleil debout, à droite (214). T. B. AV.

467. — ℟. CONCORD. MILIT. Aurélien debout (25). *Rare.* — ℟. FELICIT. TEMP. La Félicité debout (77). *Rare.*

Deux pièces. T. B. P. B.

468. — ℟. ADVENTVS AVG. L'empereur à cheval (4). — ℟. CONCORD. LEGI. La Concorde debout (22). — ℟. CONCORDIA MILI. et MILITVM. Deux figures debout (52 et 60). — ℟. FIDES MILITVM. Aurélien debout (91) — ℟. Même légende. Deux figures debout (93). — ℟. FORTVNA REDVX (96). — ℟. IOVI CONSER. Jupiter et l'empereur debout (105). — ℟. IOVI VICTORI. Jupiter debout (117).

Neuf pièces. B. et T. B. P. B.

469. — ℟. MARS INVICTVS. Mars et le Soleil debout (124). *Rare.* T. B. P. B.

470. — ℟. MARS INVICTVS. Deux figures debout (123). — ℟. ORIENS AVG. Le Soleil debout (141, 142, 143, 144, 148). *Douze pièces.* B., T. B. et F. D. C. P. B.

471. — ℟. ORIENS AVG. Le Soleil debout (158, 159, 160). — ℟. PACATOR ORBIS. Le Soleil debout (161). — ℟. RESTITVT. ORIENTIS. Deux figures (192, 201 et 204). — ℟. PROVIDEN. DEOR. Deux figures debout (183). — ℟. RESTITVT. ORBIS. Deux figures debout (192). — ℟. RESTITVTOR EXERCITI. Deux figures debout (205).

Dix pièces. T. B. et F. D. C. P. B.

472. — ℟. MINERVA AVG. Minerve debout (134). *Rare.* — ℟. PIETAS AVG. Deux figures debout (171). *Rare.*

Deux pièces. T. B. P. B.

473. — ℟. RESTITVT. ou RESTITVTOR ORBIS. Deux figures debout (206 et 208). — ℟. ROMAE AETER. Rome et l'empereur (219). — ℟. SAECVLI FELICITAS. Aurélien debout (223). — ℟. SOLI INVICTO. Le Soleil debout (233 et 234). — ℟. VICTORIA AVG. Victoire debout (254 et 255). — ℟. VIRTVS MILITVM. Deux figures debout (261). — La même avec VIRTVS (286).

Onze pièces. T. B. et F. D. C. P. B.

474. IMP. C. DOM. AVRELIANVS AVG. Son buste radié, à droite. ℞. VICTORIAE GOTHIC. Trophée; au pied, deux captifs (260, *variété*). *Rare.* T. B. P. B.

475. — ℞. CONCORDIA AVG. Aurélien et Séverine debout (35). M. B.

SÉVERINE FEMME D'AURÉLIEN

476. SEVERINA AVG. Son buste, à droite, sur un croissant. ℞. CONCORD. MILIT. D. L. La Concorde assise (5). *Rare.* F. D. C. P. B.

477. — ℞. La même pièce (5). — ℞. CONCORDIAE MILITVM. La Concorde debout (7). *Deux pièces.* T. B. P. B.

478. — ℞. PROVIDEN. DEOR. Deux figures debout (12). — ℞. VENVS FELIX. Vénus debout (14). *Deux pièces.* T. B. P. B.

479. — ℞. IVNO REGINA. Junon debout (9). T. B. M. B.

ATHENODORE? ET AURÉLIEN

480. ΑΥΡΗΛΙΑΝΟC ΑΘΗΝΟΔΟΡΟC. Leurs bustes en regard. ℞. LA. LΔ (l'an 1 et l'an 4) en deux lignes dans une couronne (41). *Frappée en Egypte.* B. P. B.

VABALATHE ET AURÉLIEN

481. VABALATHVS. V. C. R. IM. D. R. Son buste radié, à droite. ℞. IMP. C. AVRELIANVS AVG. Son buste radié, à droite (1). B. P. B.

TACITE

482. IMP. C. M. CL. TACITVS AVG. Son buste lauré, à droite. ℞. ROMAE AETERNAE. Rome assise à gauche (116). T. B. AV.

483. — ℞. AEQVITAS AVG. L'Equité debout (8). *Rare.* — ℞. Le même (5). *Deux pièces.* F. D. C. P. B.

484. — ℞. Même type (10). — ℞. CLEMENTIA TEMP. Mars debout (15). — ℞. Même légende. La Clémence debout (16). — ℞. CONCORD. MILIT. Deux figures debout (23). — ℞. CONSERVAT. MILIT. Deux figures debout (28). *Six pièces.* T. B. et F. D. C. P. B.

485. — ℞. FELICITAS SAECVLI. La Félicité debout (34 et 38). — ℞. FELICIT. TEMP. Même type (40). — ℞. FIDES MILITVM. La Fidélité debout (45 et 47).
Six pièces. T. B. et F. D. C. P. B.

486. — ℞. LAETITIA FVND. La Joie debout (62). — ℞. MARS VICTOR. Mars debout (56). — ℞. MARTI PACIF. Mars debout (60). — ℞. PAX AETERNA. La Paix debout (64). — ℞. PAX AVGVSTI. La Paix debout (72).
Six pièces. T. B. et F. D. C. P. B.

487. — ℞. La pièce précédente (72). — ℞. MARTI PACIF. Mars debout (61). *Rare.* *Deux pièces.* F. D. C. P. B.

488. — ℞. PAX PVBLICA. La Paix debout (81). — ℞. PROVID. DEOR. La Providence debout (86). — ℞. PROVIDE. AVG. Même type (90). — ℞. SALVS AVG. La Santé debout (123). — ℞. SALVS AVG. La Santé assise (124). — ℞. SECVRIT. PERP. La Sécurité debout (131).
Six pièces. T. B. et F. D. C. P. B.

489. — ℞. PROVIDE. AVG. La Providence debout (91). *Rare.* — ℞. SALVS PVBLI. La Santé debout (126). *Rare*, le buste à gauche. *Deux pièces.* T. B. et F. D. C. P. B.

490. — ℞. PROVIDENTIA AVG. La Providence debout (100). — ℞. ROMAE AETERNAE. Rome assise (117). — ℞. SPES PVBLICA. L'empereur debout (136). — ℞. Même légende. Deux figures debout (14).
Six pièces. T. B. et F. D. C. P. B.

491. — ℞. TEMPORVM FELICITAS. La Félicité debout (143 et 144). — ℞. VBERTAS AVG. La Fertilité debout (148). — ℞. VICTORIA AVG. Victoire debout (153 et 156).
Six pièces. T. B. et F. D. C. P. B.

492. — ℞. VICTORIA GOTHI. Victoire debout (157). *Rare.* — La même médaille avec le buste, à gauche (158 *var*). *Rare* *Deux pièces.* T. B. et F. D. C. P. B.

FLORIEN

493. IMP. M. AN. FLORIANVS P. F. AVG. Son buste radié, à droite. ℞. AETERNITAS AVG. L'Éternité debout (3). — ℞. CONCORD. MILIT. Deux figures debout (10). *Deux pièces.* T. B. et F. D. C. B.

494. — ℞. CONCORDIA MILITVM. Même type (15). — ℞. FELICITAS SAECVLI. La Félicité debout (22). — ℞. FORTVNA REDVX. La Fortune assise (23). — ℞. LAETITIA FVND. La Joie debout (38). — ℞. PACATOR ORBIS. Le Soleil debout (46). *Cinq pièces.* T. B. B.

495. — ℞. PERPETVITATE AVG. La Providence debout (57). *Rare.* F. D. C. B.

496. — ℞. PROVIDEN. AVG. La Providence debout (69). — ℞. PROVIDEN. DEOR. Deux figures debout (72). — ℞. PROVIDENTIA AVG. La Providence debout (75 et 77). *Quatre pièces.* T. B. et F. D. C. B.

497. — ℞. SALVS AVG. La Santé debout (83). — ℞. TEMPORVM FELICITAS. La Félicité debout (89). — ℞. VIRTVS AVG. L'empereur debout (97). — ℞. VIRTVS AVGVSTI. Mars marchant (105 et 107). *Cinq pièces.* T. B. et F. D. C. B.

PROBUS

498. IMP. C. M. AVR. PROBVS AVG. Sa tête laurée, à droite.
℞. SAECVRITAS SAECVLI ; à l'exergue SIS. La Sécurité assise, à gauche (629). T. B. AV.

499. IMP. PROBVS AVG. Son buste lauré et cuirassé, à gauche, vu de dos, tenant une lance et un bouclier.
℞. MONETA AVG. Les trois Monnaies debout, à gauche. Mod. 9 (376). F. D. C. Br. Médaillon.

500. — IMP. C. PROBVS P. F. AVG. Son buste à mi-corps lauré, drapé et cuirassé à gauche, tenant un globe surmonté d'une tête d'aigle.

℞. Même revers (379. Mod. 10. Br. Médaillon.

501. — ℞. FELICIA TEMPORA. Quatre enfants jouant ensemble, représentant les quatre Saisons (208).

Rare. T. B. B. Q.

502. — ℞. ABVNDANTIA AVG. L'Abondance debout (1, 3, 10, 2 *var.*, *une inédite* et 13). — ADVENTVS AVG. L'empereur à cheval (36, 39, 46, 49). — ℞. ADVENTVS PROBI AVG. Même type (57, 65 et 69).

Quatorze pièces. T. B. et F. D. C. B.

503. — ℞. AEQVITAS AVG. L'Équité debout (74). — ℞. AETERNITAS AVG. Le Soleil debout (78). *Rare.* — ℞. Même légende. La Louve, à droite (80). *Rare.* — ℞. CLEMENTIA TEMP. La Clémence debout (84). *Rare.* — ℞. Même légende. Deux figures debout (87 et 90). — ℞. COMES AVG. Minerve debout (103 et 105). — ℞. COMITI PROBI AVG. Même type (106). — ℞. CONCORD AVG. Deux figures debout (112). *Dix pièces.* T. B. et F. D. C. B.

504. — ℞. CONCORD. MILI. Deux figures debout (114). — CONCORD. MILIT. La Concorde debout (121, 122, 125, 126, et *var. inéd.* avec le buste casqué, 138, 143 et *var. inéd.* avec le buste à gauche, 143 et 147).

Treize pièces. T. B. et F. D. C. B.

505. — ℞. CONCORDIA EXERCI. La Concorde debout (160). *Rare.* — ℞. CONSERVAT AVG. Le Soleil debout (182, 186, 191. *Rare.* 188, 201. *Rare.* 203 et une *variété inédite* avec le buste à droite, portant une lance sur l'épaule). — ℞. FELICIT. TEMP. La Félicité debout (210). — ℞. FELICITAS AVG. La Félicité debout (218). *Rare.*

Onze pièces. T. B. et F. D. C. B.

506. — FELICITAS AVG. N. La Félicité debout (223).

Rare. T. B. B.

507. — ℞. FELICITAS SEC. La Félicité debout (225, 231). — ℞. FELICITAS SAECVLI. La Félicité debout (234). *Rare.* ℞. FIDES MILI. OU MILIT. La Fidélité debout (239, 242, 244, 247. *Rare*). *Neuf pièces.* T. B. et F. D. C. B.

508. — ℞. FIDES MILIT. La Fidélité debout (249).
Rare. B. B.

509. — ℞. FIDES MILITVM. La Fidélité debout (254, 258. *Variété.* 258). — ℞. FIDES MILITVM. La Fidélité assise (263). *Rare.* — ℞. HERCVLI PACIF. Hercule debout (281, 286). *Rare*, et une autre *variété inédite* avec le buste à gauche). *Sept pièces.* T. B. et F. D. C. B.

510. — ℞. HERCVLI PACIFER. Hercule debout, à gauche (288). — ℞. HERCVLI PACIFERO. Même type (293). *Rare.* — ℞. IOVI CONS. PROB. AVG. Jupiter debout (305). — ℞. IOVI CONSERVAT. Jupiter et l'empereur debout (307 et 310). — ℞. LAETITIA AVGVSTI. La Joie debout (328). — ℞. MARS VICTOR. Mars debout (337, 338, 339 et une *variété inédite* avec le buste de Probus, à droite, tenant une lance et un bouclier. *Dix pièces.* T. B. et F. D. C. B.

511. — ℞. MARS VLTOR. Mars debout (349). *Rare.* B. B. Q.

512. — ℞. MARTI PACIF. Mars debout (351, 358 et 360). — ℞. MARTI PACIFERO. Mars debout (365). *Rare.* — ORIENS AVG. Le Soleil debout (387 et 388).
Six pièces. T. B. et F. D. C. B.

513. — ℞. ORIENS AVG. La Louve, à droite (394).
Rare. F. D. C. B.

514. — ℞. PAX AVG. La Paix debout (399, 409 et 412). — ℞. PAX AVGVSTI. La Paix debout (417, 425, 426 et 427). *Neuf pièces* T. B. et F. D. C. B.

515. La même pièce avec CONS. III. du côté de la tête (429).
Rare. T. B. B.

516. — ℞. PIETAS AVG. La Piété debout (435). — ℞. PIETAS AVG. Même type (437). — ℞. P. M. TR. P. COS. P. P. Pro-

bus debout (440). *Rare. Deux pièces.* — ℟. P. M. TR. M. P. COS. II. P. P. Lion, à droite (452). *Rare.* — Même légende avec COS. III. Lion, à gauche (457). *Rare. Six pièces.* T. B. et F. D. C. B.

517. — ℟. P. M. TR. P. VI. COS. V. P. P. Probus debout (461). *Très rare.* F. D. C. B. Q.

518. — PROVIDENT. AVG. La Providence debout (477, 486, 487 et 488). *Rare. Quatre pièces.* T. B. et F. D. C. B.

519. — ℟. La même légende avec COS. III. du côté de la tête (490). *Rare.* F. D. C. B.

520. — ℟. PROVIDENTIA AVG. La Providence debout (496, 498 et 500). *Rare. Quatre pièces.* T. B. et F. D. C. B.

521. — ℟. RESTITVT. ORBIS. Deux figures debout (507). — ℟. RESTITVT. SEC. et SAEC. Probus debout, couronné par la Victoire (511). *Rare. Six pièces.* T. B. et F. D. C. B.

522. — ℟. ROMAE AETER. Temple (530, 533). — ℟. ROMAE AETERNAE. Temple (552 et 562 *rare* et 560). — ℟. SALVS AVG. La Santé debout (567, 571, 572, 576, 577 et 584). *Douze pièces.* T. B. et F. D. C. B.

523. — ℟. SALVS PVBLICA. La Santé debout (599 et 601). — ℟. SECVRIT PERP. La Sécurité debout (611, 612, 617, 618, *rare*, 621, *rare*). *Cinq pièces.* T. B. et F. D. C. B.

524. — ℟. SISCIA PROBI AVG. XXI. Q. La Province assise, à gauche, entre deux fleuves (635). *Très rare.* T. B. B.

525. — ℟. SOLI INVICTO. Le Soleil dans un quadrige (641, 658, 677, 682). — ℟. SOLI INVICTO AVG. Même type (694). *Rare.* — ℟. SPES AVG. L'Espérance debout (700). ℟. SPES PROBI AVG. Même type. *Neuf pièces.* T. B. et F. D. C. B.

526. — ℟. TEMPOR. FELICI. La Félicité debout (713, 715, 725, *rare* et 726). — ℟. VICTORIA AVG. Victoire passant (739, 740 et 744). — ℟. VICTORIA GERM. Trophée (707 et 773). *Neuf pièces.* T. B. et F. D. C. B.

527. — IMP. C. PROBVS AVG. CONS. II. Son buste radié, à gauche, tenant un sceptre surmonté d'un aigle. — ℞. Même revers (*inédite*). T. B. B.

528. — ℞. VICTORIA AVG. Victoire dans un quadrige (788). *Rare.* — ℞. VIRTVS AVG. Mars debout (819, 821, 824 et 828). — ℞. Même légende. Probus debout (840). — ℞. Même légende. Probus à cheval (849). *Huit pièces.* T. B. et F. D. C. B.

529. — ℞. VICTORIAE AVG. Deux Victoires près d'un palmier (791). *Rare.* — ℞. VIRTVS AVG. Mars passant (812). *Rare.* *Deux pièces.* T. B. et F. D. C. B.

530. — ℞. VIRTVS AVG. Probus à cheval, au galop, à droite (850). F. D. C. B. Q.

531. — ℞. VIRTVS AVGVSTI. Mars debout (856, 868). *Rare.* — ℞. Même légende. Probus debout (809). *Rare.* — ℞. VIRTVS PROBI AVG. Mars debout (889, 896 *var.*, 900 *var.* et 902). *Huit pièces.* T. B. et F. D. C. B.

532. — ℞. Même légende. Probus au galop, à droite (910, 911, 912 et 918). — ℞. Même légende. Probus à cheval, à droite (928, 930 et 931). — ℞. Même légende. Trophée (936 et 942). *Dix pièces.* T. B. et F. D. C. B.

533. — ℞. VOTIS X. ET XX. FEL. en trois lignes dans une couronne (948). F. D. C. B.

534. — ℞. VICTORIA AVG. Victoire debout, à gauche (738). T. B. M. B.

CARUS

535. IMP. C. M. AVR. CARVS P. F. AVG. Son buste lauré, à droite. ℞. VIRTVS CARI INVICTI AVG. Hercule debout, à droite, appuyé sur sa massue ; à l'exergue, K (118). T. B. AV.

536. — ℞. VIRTVS AVGG. Mars debout, à gauche (111). *Rare.* B. B. Q.

537. — ℞. CLEMENTIA TEMP. Deux figures debout (13). *Rare.* ℞. CONSECRATIO. Aigle (17). *Rare.*
Deux pièces. T. B. B.

538. — ℞. CONSECRATIO AVG. Aigle (22). *Rare.* La même pièce (23). *Rare.* *Deux pièces.* T. B. et F. D. C. B.

539. — ℞. AETERNIT. IMPERI. Le Soleil debout (10). — ℞. ANNONA AVGG. L'Abondance debout (12). — ℞. CONSECRATIO. Aigle (15 et 18). — ℞. IOVI VICTORI. Jupiter debout (36 et 37). — ℞. PAX AVGG. La Paix debout (50 et 51). *Huit pièces.* T. B. et F. D. C. B.

540. — ℞. PAX EXERCITI. La Paix debout (55). — ℞. PERPETVITATI AVG. La Sécurité debout (61). — ℞. PROVIDENT. AVGG. La Providence debout (69). — ℞. SALVS AVG. La Santé debout (74). *Rare.* — ℞. SPES PVBLICA L'Espérance debout (78 et 79). — ℞. VICTORIA AVGG. Victoire debout. *Sept pièces.* T. B. et F. D. C. B.

NUMÉRIEN

541. IMP. NVMERIANVS AVG. Son buste radié, à gauche, tenant une lance et un bouclier. — ℞. FELICITAS AVGG. A l'exergue LVG. La Félicité debout (14 *var. inéd.*). — ℞. VNDIQVE VICTORES. Numérien debout (118). *Rare.*
Deux pièces. T. B. et F. D. C. B.

542. — ℞. Variété de la pièce précédente (120). *Rare.* — ℞. MARS VICTOR. Mars debout (23). *Rare.*
Deux pièces. T. B. B.

543. — ℞. CONSECRATIO. Aigle (10). — ℞. FELICITAS AVG. La Félicité debout (14). — ℞. IOVI VICTORI. Jupiter debout (16). — ℞. MARS VICTOR. Mars debout (22). — ℞. ORIENS AVG. Le Soleil debout (37). *Rare.* — ℞. PAX AVGG. La Paix debout (43, 46, 47 et 50).
Neuf pièces. T. B. et F. D. C. B.

544. — ℞. PIETAS AVGG. La Piété debout (57, 61 et 63). —

ꝶ. PRINCIPI IVVENTVT. Numérien debout (76). — ꝶ. PROVIDENT AVGG. La Providence debout (83). — ꝶ. ROMAE AETER. Rome assise (85). — ꝶ. SECVRIT. AVG. La Sécurité debout (87). — ꝶ. VOTA PVBLICA. Deux figures debout (128). *Neuf pièces.* T. B. et F. D. C. B.

CARIN CÉSAR

545. — M. AVR. CARINVS C. Son buste lauré, à droite. — ꝶ. GENIVS EXERC. Génie debout, dans un temple (36). *Rare.* F. D. C. B. Q.

546. — ꝶ. PIETAS AVGG. Instruments de sacrifice (74 et 76). — ꝶ. PRINCIPI IVVENTVT. Carin debout (83, 84, 91 et 92). *Six pièces.* T. B. et F. D. C. B.

547. — ꝶ. Même revers (94 et 97). — ꝶ. SAECVLI FELICITAS. Carin debout (115 et 116). — ꝶ. VIRTVS AVGG. Deux figures debout (177). *Cinq pièces.* T. B. et F. D. C. B.

CARIN EMPEREUR

548. IMP. CARINVS P. F. AVG. Son buste lauré, à droite. ꝶ. VIRTVS AVGG. Hercule debout, à droite (160). T. B. AV.

549. — ꝶ. VIRTVS AVGG. Carin debout, à droite, tenant une lance et un globe (174). *Très rare.* F. D. C. M. B.

550. — ꝶ. AEQVITAS AVGG. L'Equité debout (8). — ꝶ. AETERNITAS AVGG. L'Eternité debout (14). — ꝶ. FELICIT. PVBLICA. La Félicité debout (24). — ꝶ. FIDES MILITVM. La Foi debout (28). — ꝶ. GENIVS EXERCITI. Génie debout (38). — ꝶ. IOVI VICTORI. Jupiter debout (45). — ꝶ. ORIENS AVG. Le Soleil debout (60). *Rare.* — ꝶ. SAECVLI FELICITAS. Carin debout (117 et 120). *Neuf pièces.* T. B. et F. D. C. B.

551. — ꝶ. SALVS AVGG. La Santé debout (122 et 113). — ꝶ.

VICTORIA AVGG. Victoire debout (143 et 151). — ℟. VIRTVTI AVGG. Mars debout (171 et 173).

Sept pièces. T. B. et F. D. C. B.

552. — ℟. VIRTVTI AVGG. Hercule debout (191). *Rare.* — ℟. VOTA PVBLICA. Deux figures debout, sacrifiant (195). *Rare.* *Deux pièces.* F. D. C. B.

MAGNIA URBICA, FEMME DE CARIN

553. MAGNIA VRBICA AVG. Son buste, à droite.
℟. VENVS CELEST. Vénus debout, à gauche (9). *Rare.* T. B. B.

554. — ℟. VENVS GENETRIX. Dans le champ D. Même type (11). *Rare.* F. D. C. B.

555. — ℟. VENVS. VICTRIX. Vénus debout (17). *Rare.* T. B. B.

NIGRINIEN FILS DE CARIN

556. DIVO NIGRINIANO. Sa tête radiée, à droite.
℟. CONSECRATIO. Aigle éployé de face (2). *Très rare.* F. D. C. B.

JULIEN TYRAN

557. IMP. C. M. AVR. IVLIANVS P. F. AVG. Son buste radié, à droite.
℟. VICTORIA AVG. Victoire passant à gauche; dans le champ, S. A. (7). T. B. B.

DIOCLÉTIEN

558. IMP. C. VAL. DIOCLETIANVS. P. F. AVG. Son buste lauré, à droite.
℟. VICTORIA AVG. Victoire passant à droite; dans le champ, O; à l'exergue, SMA. (469). F. D. C. AV.

559. — ℟. VIRTVS MILITVM. Quatre soldats sacrifiant devant un

camp (520). F. D. C. R.

560. — ℞. CLARITAS AVGG. Le Soleil debout, à gauche ; à ses pieds, un captif (16). *Rare.* F. D. C. P. B.

561. — ℞. ABVNDANT. AVGG. L'Abondance debout (3). *Rare.* — ℞. ANNONA AVG. Même type (14). *Rare.* — ℞. CLEMENTIA TEMP. Deux figures debout (19). *Rare.* — ℞. COMES AVG. Pallas debout (21). *Rare.*

Quatre pièces. F. D. C. P. B.

562. — ℞. CONCORDIA AVGG. Deux figures debout (25). *Rare.* — ℞. CONCORDIA MILITVM. Deux figures debout (34). — ℞. FELICITAS AVG. La Félicité debout (61). *Rare.* — ℞. FORTVNA REDVX. La Fortune assise (74).

Cinq pièces. T. B. et F. D. C. P. B.

563. — ℞. HERCVLI CONSERVAT. Hercule debout (133, 137, 138). — ℞. IOVI AVGG. Jupiter debout (147, 151, 152, 160, 161, 164 et 165).

Onze pièces. T. B. et F. D. C. P. B.

564. — ℞. IOVI AVG. Jupiter assis (169). — ℞. IOVI CONSER. AVGG. Jupiter debout (181, 183 et 184). — ℞. IOVI CONSERVAT. Jupiter debout (198, 203, 205 et 206). — ℞. IOVI CONSERVAT AVGG. Jupiter debout (228, 240 et 242). *Onze pièces.* T. B. et F. D. C. P. B.

565. — ℞. IOVI CONSERVATORI. Jupiter debout (260). — ℞. IOVI ET HERCVLI. CONS. ou CONSER. AVGG. Jupiter et Hercule debout (284). *Rare.* — ℞. IOVI TVTATORI AVG. Jupiter debout (295 et 298). *Rare.*

Cinq pièces. T. B. et F. D. C. P. B.

566. — ℞. IOVI VICTORI. Jupiter debout (308). — ℞. MARS VICTOR. Mars debout (314). — ℞. MARTI PACIF. Mars debout (316). *Rare.* — ℞. ORIENS AVGG. Le Soleil debout (350 et 351). *Rare.* — ℞. PAX AETER. La Paix debout (353). *Rare.* *Six pièces.* T. B. et F. D. C. P. B.

567. — ℞. PAX AVGG. Minerve debout (362 et 363). *Rare.*

Deux pièces. T. B. et F. D. C. P. B.

568. — ℞. PAX AVGG. La Paix debout (372 et 375). — ℞. P. M. TR. P. TR. P. VIII. COS. IIII. P. P. Lion, à gauche (383). *Rare.* — ℞. PRIMIS X. MVLTIS XX. Jupiter debout (385). *Rare.* *Quatre pièces.* T. B. et F. D. C. P. B.

569. — ℞. Même légende. Deux Victoires debout (391). *Rare.* ℞. PROVIDENT. AVGG. La Providence debout (398). — ℞. PROVIDENTIA AVG. Même type (410).
Trois pièces. T. B. et F. D. C. P. B.

570. — ℞. DIOCLETIANVS P. F. AVG. Son buste radié et drapé, à droite. — ℞. SAECVLARES AVGG. Cippe avec COS. X. A l'exergue, M. XX.
Pièce surfrappée, (inédite). T. B. P. B.

571. — ℞. SALVS AVG. ou AVGG. La Santé debout (440, 444 et 445). — ℞. SECVRIT. AVGG. La Santé debout (450), *rare.* — ℞. VICTORIA AVG. Victoire, à droite (466). — ℞. VIRTVS AVG. Mars debout (494). — ℞. VIRTVS AVGG. Deux figures debout (507). *Rare.* — ℞. VIRTVTI AVGG. Hercule et le lion (526). *Rare.*
Dix pièces. T. B. et F. D. C. P. B.

572. — ℞. VOTIS X. Deux figures debout, sacrifiant (533). *Très rare.* — ℞. VOTIS X. M. XX. en trois lignes, dans une couronne (535). *Rare.* *Deux pièces.* F. D. C. P. B.

573. — ℞. VIRTVS AVGG. Hercule étouffant le lion et couronné par la Victoire (527). *Très rare.* T. B. P. B.

574. — ℞. VICTORIA AVGG. Trois figures debout (480). *Très rare.* T. B. P. B.

575. DIOCLETIANVS P. AVG. Son buste radié et drapé, à droite. — ℞. VIRTVS AVGG. Dioclétien debout, à droite, foulant aux pieds un captif (*inédite*). T. B. P. B.

576. — ℞. IOVI CONSERVAT AVG. Jupiter debout (226). *Rare.* — ℞. QVIES AVGG. Le Repos debout, à gauche (428). *Rare.* *Deux pièces.* B. et F. D. C. M. B.

577. — ℞. PROVIDENTIA DEORVM QVIES AVGG. Deux figures

debout (421 et 422). *Rare.* — ℞. SACRA MONET. etc. L'Equité debout (435).

Trois pièces. T. B. et F. D. C. M. B.

MAXIMIEN HERCULE

578. MAXIMIANVS AVGVSTVS. Sa tête laurée, à droite.
℞. CONSVL V. P. P. PROCOS. ; à l'exergue, SMAΣ. Maximien debout, à gauche, tenant un globe (82). F. D. C. AV.

579. — IMP. MAXIMIANVS AVG. Son buste lauré, drapé et cuirassé, à droite.
℞. VIRTVS AVG. Hercule debout, à droite (type de l'Hercule Farnèse) appuyé sur sa massue (*inédite*).
F. D. C. P. B. Q.

580. — ℞. VIRTVS MILITVM. Porte d'un camp ; à l'exergue, S. R. (627). F. D. C. Æ.

581. — ℞. XCVI. T. dans une couronne (696). F. D. C. Æ.

582. — ℞. ADVENTVS AVGG. ; à l'exergue III. Les deux empereurs au galop, à droite (6). *Rare.* F. D. C. P. B.

583. — La même médaille ; à l'exergue, S. T. B. P. B.

584. — ℞. CLARITAS AVGG. Le Soleil debout (28). *Rare.*
F. D. C. P. B.

585. — ℞. ABVNDANT. AVGG. L'Abondance debout (2). — ℞. AEQVITAS AVGG. L'Equité debout (11). *Rare.* — ℞. CLEMENTIA TEMP. Deux figures debout (32). — ℞. COMES AVG. Minerve debout (34). *Rare.* — ℞. CONCORDIA AVGG. Deux figures debout (43). *Rare.* — ℞. CONSERVATOR AVGG. Jupiter et Hercule debout (72). *Rare.*
Six pièces. T. B. et F. D. C. P. B.

586. — ℞. FELICIT. PVBL. La Félicité debout (95 et 97). — ℞. FELICITAS PVBLIC. (102 *var.*, le buste, à gauche). — ℞. FIDES MILIT. La Foi debout (111 *var.*) *Rare.* — ℞. HERC. PACIFERO. Hercule debout (226). *Rare.* — ℞. HERCVLI CONSERVAT. Hercule debout (236 et 240).
Sept pièces. T. B. et F. D. C. P. B.

587. — ℞. HERCVLI INVICTO AVGG. Hercule debout (262 et 263 *var.*, buste, à gauche. 265, 267 *var.* et *rare*).
Quatre pièces. T. B. et F. D. C. P. B.

588. — ℞. HERCVLI PACIFERO. Hercule debout (276, 277, 278, 279, 282, 290 *var*). — ℞. IOVI AVGG. Jupiter debout (314 et 315). — ℞. IOVI AVG. Jupiter assis (323). — ℞. IOVI CONSERVAT. Jupiter debout (332, 336, *rare*, 339). *Treize pièces.* T. B. et F. D. C. P. B.

589. — ℞. IOVI CONSERVATORI. Jupiter debout (362). — ℞. IOVI TVTATORI. Jupiter debout (386). — ℞. ORIENS AVGG. Le Soleil debout (422). *Rare.* — ℞. PAX AVGG. La Paix debout (427, 434, 442, 445, 455 et 456).
Neuf pièces. T. B. et F. D. C P. B.

590. MAXIMIANVS P. F. AVG. Son buste radié, drapé et cuirassé, à droite. — ℞. PIETAS AVGG. L'empereur debout, à droite, relevant une femme prosternée (*inédite*).
B. P. B.

491. — ℞. P. M. TR. P. VIII. COS. IIII. P. P. Lion, à gauche (469). *Rare.* — ℞. PRIMIS X. MVLTIS XX. Hercule debout (473). *Rare.* *Deux pièces.* T. B. et F. D. C. P. B.

592. — ℞. SAECVLI FELICIT. La Félicité debout (508). *Rare.* — ℞. SALVS AVGG. La Santé debout (513, 516, 520, 524 et 525). *Six pièces.* T. B. et F. D. C. P. B.

593. — ℞. SECVRIT. PERP. La Sécurité debout (531). *Rare.* — ℞. VICTORIA AVGG. Victoire debout (540). *Rare.* — ℞. VIRTVS AVGG. Hercule debout (575, 581, *rare* et 582).
Cinq pièces. T. B. et F. D. C. P. B.

594. — ℞. VIRTVS AVGG. Hercule debout, couronné par la Victoire (590 *variété*). *Rare.* — ℞. VIRTVS AVGG. Hercule et Jupiter debout (605, *variété*). *Rare.* — ℞. VIRTVS AVGG. Maximien debout, foulant aux pieds un captif (607). *Rare.* *Trois pièces.* T. B. et F. D. C. P. B.

595. — ℞. VIRTVS AVGVSTORVM. Hercule debout (618). *Rare.*

— ℞. VIRTVTI AVGG. Hercule debout (649, 650 et 652). *Rare.* *Cinq pièces.* T. B. et F. D. C. P. B.

596. — ℞. VNDIQVE VICTORES. Maximien debout (665). — ℞. VOTIS X. Deux figures debout (669 et 670). — ℞. VOTIS X. Jupiter debout, à gauche, sacrifiant (*inédite*). *Six pièces toutes rares.* T. B. et F. D. C. P. B.

596 bis. — ℞. AETERNAE MEMORIAE. Temple (15). *Rare.* — ℞. CONSERVATORES ART. SVAE. Même temple (74). *Rare.* *Deux pièces.* T. B. M. B.

597. — ℞. GENIO POP. ROM. Génie debout (142). — ℞. GENIO POPVLI ROMANI. Même Génie (179). — ℞. PROVIDENTIA, etc. Deux figures debout (491). *Trois pièces.* T. B. et F. D. C. M. B.

CARAUSIUS, TYRAN (DE LA GRANDE BRETAGNE)

598. IMP. CARAVSIVS AVG. Son buste radié et cuirassé, à mi-corps, tenant une lance et un bouclier.
℞. PAX. AVG. La Paix debout, à gauche (198). T. B. P. B.

599. — ℞. Même revers (192). T. B. P. B.

600. — ℞. ADVENTVS AVG. Carausius à cheval, à gauche (5). *Très rare.* — ℞. VIRTVS AVG. Mars debout, *pièce barbare.* *Deux pièces.* P. B.

601. — ℞. PAX AVG. La Paix debout (193). T. B. P. B.

602. — ℞. SALVS AVG. La Santé debout (310). T. B. P. B.

ALLECTUS, TYRAN (DE LA GRANDE BRETAGNE)

603. IMP. C. ALLECTVS P. F. AVG. Son buste radié et drapé, à droite.
℞. LAETITIA AVG. La Joie debout (15). T. B. P. B.

604. — ℞. PAX. AVG. La Paix debout (31). B. P. B.

CONSTANCE CHLORE, CÉSAR

605. CONSTANTIVS CAESAR. Sa tête laurée, à droite.
℞. VICTORIA SARMAT. Quatre soldats sacrifiant devant un camp (286). F. D. C. Æ.

606. — ℞. VIRTVS MILITVM. Même type du camp (309). F. D. C. Æ.

607. — ℞. FELIX ADVENT, AVGG. NN. La Province de Carthage debout (35). — ℞. GENIO POPVLI ROMANI. Génie debout (61, 63, 64, 121 et 122). — ℞. SACRA ou MONETA S. AVG. ET. CAES. N. N. L'Equité debout (198 et 267). *Sept pièces.* T. B. et F. D. C. M. B.

608. — Buste de Constance, à gauche, armé d'une massue. — ℞. GENIO., etc. Génie debout (137). *Rare.* T. B. M. B.

609. — ℞. AVSPIC. FEL. La Félicité debout ; à ses pieds, une autre petite figure (7). *Très rare.* T. B. P. B.

610. — ℞. CONCORDIA AVGG. Deux figures debout (15). — ℞. IOVI AVGG. Jupiter assis (152). — ℞. LAETITIA AVGG. (165). *Rare.* — ℞. ORIENS AVGG. Le Soleil debout (210). — ℞. PROVIDENT. DEOR. La Providence debout et assise (237 et 338). — ℞. PROVIDENTIAE DEORVM. La Providence assise (244). *Neuf pièces.* T. B. et F. D. C. P. B.

611. — ℞. ROMAE AETERN. Rome assise (254). *Rare.* — ℞. SECVRIT. AVGG. La Sécurité debout (276). — ℞. VIRTVS AVGG. Mars debout (294). — ℞. VIRTVS AVGG. Hercule debout (295). *Rare.* — ℞. VIRTVS AVGG. Constance debout, foulant un captif (300). *Rare.* — ℞. VIRTVS AVGG. Trophée. *Six pièces.* T. B. et F. D. C. P. B.

612. CONSTANTIVS NOB. C. Son buste radié à droite. — ℞. SAECVLARES AVGG. Cippe avec COS. X. ; à l'exergue, M. XX. (*inédite*). F. D. C. P. B.

CONSTANCE CHLORE, EMPEREUR

613. DIVO CONSTANTIO AVG. Sa tête voilée, à droite. — ℞. MEMORIAE DIVI CONSTANTI. Autel de forme ronde (175). — ℞. MEMORIA FELIX. Autel ; au pied, deux aigles (183). *Rare.* *Trois pièces.* T. B. et F. D. C.

HÉLÈNE, PREMIÈRE FEMME DE CONSTANCE

614. FL. HELENA AVGVSTA. Son buste, à droite. — ℞. SECVRITAS REIPVBLICAE. La Sécurité debout (13).
Deux pièces. F. D. C. P. B.

615. — La même médaille. — ℞. PAX PVBLICA. La Paix debout.
Trois pièces. P. B. et P. B. Q.

THEODORA, DEUXIÈME FEMME DE CONSTANCE

616. FL. MAX. THEODORA AVG. Son buste, à droite. — ℞. PIETAS ROMANA. La Piété debout (3). T. B. P. B. Q.

GALÈRE MAXIMIEN, CÉSAR

617. MAXIMIANVS NOB. C. Sa tête laurée, à droite.
℞. VIRTVS MILITVM. Quatre soldats sacrifiant devant un camp (216). B. AR.

618. — ℞. FORTVNA REDVX, etc. La Fortune debout (36). *Rare.* — ℞. GENIO POPVLI ROMANI. Génie debout (94). M. SACRA. etc. La Monnaie debout (152 *var.*, *rare*, le buste casqué, à gauche). — ℞. SALVIS AVGG., etc. Femme debout (19). *Rare.* *Quatre pièces.* B. et T. B. M. B.

619. — ℞. CLARITAS AVGG. Le Soleil debout (11). — ℞. COMES AVGG. Minerve debout (14). — ℞. CONCORDIA AVGG. Deux figures debout (19. *Trois pièces*). *Rares.* *Cinq pièces.* T. B. et F. D. C. P. B.

620. — ℞. LAETITIA AVGG. La Joie debout (130). *Rare.* —

℞. ORIENS AVGG. Le Soleil debout (155 *et une autre variété* 158). *Rare.* — ℞. PAX AVGG. La Paix debout (161). — ℞. PROVIDENT. DEOR. La Providence debout (181 et 182). *Sept pièces.* T. B. et F. D. C. P. B.

621. — ℞. PRINCIPI IVVENT. Galère debout tenant deux enseignes (171). *Rare.* — ℞. VOT. X. SIC. XX. en trois lignes dans une couronne (244). *Rare.*

B. et F. D. C. P. B. Q.

622. — MAXIMIANVS NOB. C. Son buste radié et drapé, à droite. — ℞. SAECVLARES AVGG. Cippe sur lequel COS. X. est effacé; dans le champ M. XX. (*inédite*). T. B. P. B.

623. — ℞. SECVRIT. AVGG. La Sécurité debout (194). — ℞. VIRTVS AVGG. Mars debout (211). *Rare.* — ℞. VOTIS X. Galère debout, sacrifiant (235). *Rare.* — ℞. VOT. X. dans une couronne (229). — ℞. VOT. X. M. X. Victoire sur un globe (241). *Rare.* — ℞. VOT. X. M. XX. Dans une couronne (243). *Six pièces.* B. et T. B. P. B.

GALÈRE MAXIMIEN, EMPEREUR

624. — DIVO MAXIMIANO MAXIMINVS AVG. FIL. Sa tête laurée, à droite.

℞. AETERNAE MEMORIAE GAL. MAXIMIANI. Autel allumé; au centre, un aigle éployé (7). *Très rare.* — ℞. GENIO AVGVSTI. Génie debout, à gauche (40).

Deux pièces. T. B. et F. D. C. M. B.

VALÉRIA, FEMME DE GALÈRE

625. GAL. VALERIA. AVG. Son buste, à droite.

℞. VENERI VICTRICI. Vénus debout, à g. (2). T. B. M. B.

SÉVÈRE II, CÉSAR

626. SEVERVS NOB. CAESAR. Sa tête laurée, à droite.

℞. VIRTVS AVGG. ET CAESS. NN. Mars allant à droite (70).

F. D. C. M. B.

627. — ℞. GENIO POPVLI ROMANI. Génie debout (26 et 34).
Deux pièces. B. M. B.

MAXIMIN II DAZA, CÉSAR

628. GAL. VAL. MAXIMINVS NOB. C. Son buste lauré, à droite.
℞. GENIO POPVLI ROMANI. Génie debout (86 et 100). — ℞. GENIO AVGVSTI. Même Génie (40).
Trois pièces. M. B. et P. B.

MAXIMIN II, EMPEREUR

629. IMP. MAXIMINVS AVG. Son buste radié, à gauche ; la main droite levée.
℞. SOLI INVICTO COMITI. Le Soleil dans un quadrige, de face (175). *Rare.* F. D. C. Billon.

630. — ℞. BONO GENIO IMPERATORIS. Génie debout (2). — ℞. GENIO AVGVSTI. Même Génie (29 et 34). *Rare.* ℞. GENIO EXERCITVS. Même Génie (47). — ℞. GENIO IMPERATORIS. Même Génie (52). — ℞. SOLI INVICTO. Le Soleil debout (161 et 167). *Rare.* — ℞. VIRTVS etc. Mars debout (188). — ℞. GENIO POP. ROM. Génie debout (58 et 59).
Dix pièces. T. B. et F. D. C. M. B et P. B.

MAXENCE, TYRAN

631. IMP. MAXENTIVS P. F. AVG. Sa tête laurée, à droite.
℞. CONSERVATOR. AFRICAE. SVAE. L'Afrique debout (46). *Rare.* F. D. C. M. B.

632. — ℞. CONSERV. VRB. SVAE. Temple (34 et 39). Le même avec KART. SVAE (50). — ℞.. VOT. Q. Q. MVL. XX. dans une couronne (138). — ℞. VOT. X. FEL. (141).
Cinq pièces. B. et T. B. M. B. et P. B.

ROMULUS, CÉSAR

633. IMP. MAXENTIVS DIVO ROMVLO NV. FILIO. Sa tête nue, à droite.

℟. AETERNA MEMORIA. Temple rond (6). F. D. C. M. B.

LICINIUS PÈRE

634. IMP. LICINIVS AVG. Son buste laurée, à droite.
℟. IOVI CONSERVATORI AVG. Jupiter assis sur son aigle (99). *Rare.* Billon.

635. — ℟. D. N. LICINI, etc. Couronne avec VOT. XX. (15). — ℟. GENIO POP. ROM. Génie debout (54). — ℟. IOVI CONSERVATORI. Jupiter debout (67, 114 et 116). — ℟. PROVIDENTIAE AVGG. Porte de camp (145). — ℟. SOLI, etc. Le Soleil debout (161 et 163). — ℟. VIRTVS EXERCIT. Etendard (191). *Onze pièces.* T. B. et F. D. C. P. B.

LICINIUS PÈRE ET LICINIUS FILS

636. DD. NN. IOVII LICINII INVICT. AVG. ET CAES. Leurs bustes en regard.
℟. I. O. M. ET FORT. CONSER. DD. NN. AVG. ET CAES. Jupiter et la Fortune debout (9). F. D. C. M. B.

LICINIUS FILS, CÉSAR

637. LICINVS IVN. NOB. CAES. Son buste lauré, à droite.
℟. VOT. V. MVLT. X. CAES. dans une couronne (75). *Rare.* F. D. C. P. B.

638. — ℟. IOVI CONSERVATORI. Jupiter debout (21, 27 *rare*, et 31). — ℟. VIRTVS AVGG. Camp (59). — VIRTVS EXERCIT. Trophée (64). *Cinq pièces.* T. B. et F. D. C. P. B.

CONSTANTIN I, CÉSAR

639. CONSTANTINVS NOB. C. Sa tête laurée, à droite.
℟. VIRTVS MILITVM. Porte d'un camp (705). F. D. C. Æ.

640. — ℟. CONSERVATOR AFRICAE SVAE. L'Afrique debout (71). *Très rare.* T. B. M. B.

641. — ℟. VIRTVS CONSTANTINI CAES. Constantin au galop, à droite, terrassant un ennemi (687). *Rare.* T. B. M. B.

642. — ℟. MARTI CONSERVATORI. Mars debout (368). — ℟. PERPETVA VIRTVS. Mars debout (385). *Rare.* — ℟. PRINCIPI IVVENTVTIS. Constantin debout (442). — ℟. VIRTVS AVGG. ET CAESS. NN. Constantin au galop, à droite, terrassant un ennemi (675). *Rare.*

Onze pièces. T. B. et F. D. C. M. B.

CONSTANTIN I LE GRAND, EMPEREUR

643. CONSTANTINVS P. P. F. AVG. Sa tête laurée, à droite.
℟. PRINCIPI IVVENTVTIS. P.T.R. Constantin debout, à droie. (111). F. D. C. AV

644. Même tête et même légende.
℟. SOLI COMITI AVG. N. S.M.T. Constantin et le Soleil, debout, soutenant la Victoire; à leurs pieds, une figure suppliante (504). F. D. C. AV.

645. CONSTANTINVS MAX. AVG. Son buste diadémé, drapé et cuirassé, à droite.
℟. VICTORIA CONSTANTINI AVG. Victoire passsant, à gauche, tenant un trophée (603). F. D. C. AV.

646. — ℟. GENIO POP. ROM. Génie debout (206). — ℟. MARTI CONSERVATORI. Mars debout (333). — ℟. MARTI PATRI PROPVG. Mars debout (363). — ℟. PRINCIPI IVVENTVTIS. Constantin debout (416, 429 et 431). — ℟. ROMAE AETER. AVGG. Rome assise (468). *Rare.*

Sept pièces. T. B. et F. D. C. M. B.

647. — ℟. ADVENTVS AVG. Constantin à cheval (3 et 4). *Rare.* — ℟. BEATA TRANQVILLITAS. Cippe (15, 17, 18 et 20. — ℟. COMITI AVGG. NN. Le Soleil debout (48, 49 et 54). — ℟. CONCORD. MILIT. La Concorde debout (57). — R. CONSTANTINI AVG. Dans le champ, VOTIS XX (84). — ℟. CONSTANTINIANA DAFNE. Victoire assise (91). — ℟. D. N. CONSTANTINI MAX. AVG. Dans le champ, VOT. XX. (123, 126, 129 et 132).

Vingt-sept pièces. T. B. et F. D. C. P. B.

648. — ℟. FVNDAT. PACIS. Mars debout (157). *Rare.* — ℟. GLORIA EXERCITVS. Constantin debout (245). — ℟. GLORIA EXERCITVS. Deux soldats debout (250, 251, 254 et 256). — ℟. IOVI CONSERVATORI. Jupiter debout (292). — ℟. MARTI CONSERVATORI. Buste de Mars, à droite (325). *Rare.* — ℟. Même légende. Mars debout (342 et 343). — PROVIDENTIAE AVGG. Camp (454). *Vingt-trois pièces.* T. B. et F. D. C. P. B.

649. — ℟. MARTI CONSERVATORI. Buste de Mars, à gauche (330). *Rare.* F. D. C. M. B.

650. — ℟. RECVPERATORI VRBIS SVAE. Mars debout présentant la Victoire à Constantin assis (464). *Rare.* F. D. C. P. B.

651. — ℟. ROMAE AETERNAE. Rome assise (470). *Rare.* — ℟. SARMATIA DEVICTA. Victoire debout (587). — ℟. SOLI INVICTO COMIT. ou COMITI. Le Soleil debout (508, 509 *rare*, 511, 514, 519, 525, 530, 532, 533, 536 et 546 *rare*). *Vingt-sept pièces.* T. B. et F. D. C. P. B.

652. — ℟. S. P. Q. R. OPTIMO PRINCIPI. Trois enseignes (557). — ℟. VICTORIAE LAETAE, etc. Deux Victoires (631, 633, 633 et 643). — ℟. VIRTVS AVG. Camp (665). — ℟. VIRTVS EXERCIT. Deux captifs et étendard (689 et 693). — ℟. VN. MR. La Piété debout (716). — ℟. VOTIS X. AVG. N. Dans une couronne (718). *Rare.* — ℟. Sans légende. Figure dans un quadrige (768) et une pièce incuse. Constantinople (21). Rome (27). Populo Romano (1). *Vingt-quatre pièces.* T. B. et F. D. C. P. B.

× FAUSTA, FEMME DE CONSTANTIN

653. FLAV. MAX. FAVSTA AVG. Son buste, à droite.
℟. SALVS REIPVBLICAE. Fausta debout, tenant deux de ses fils dans ses bras (6). F. D. C. P. B.

654. — La même médaille avec SPES REIPVBLICAE (15). *Deux pièces.* T. B. et F. D. C. P. B.

CRISPUS, CÉSAR

655. CRISPVS NOB. CAES. Son buste, à gauche, tenant une lance et un bouclier.

℟. VIRTVS AVGG. Camp (160). *Rare.* — ℟. VICTORIAE, etc. Deux Victoires soutenant un bouclier (155).

Deux pièces. F. D. C. P. B.

656. — ℟. BEATA TRANQVILLITAS. Cippe (7, 21, 22 et 22 *var.*). — ℟. CAESARVM NOSTRORVM. Couronne avec VOT. V. ou X. (36, 41 et 47). — ℟. PRINCIPI IVVENTVTIS. Crispus debout, à droite (91). — ℟. Même légende, Mars debout (110). — ℟. PROVIDENTIAE CAES. Camp (115). — ℟. VIRTVS EXERCIT. Etendard et deux captifs (165 et (170). *Quinze pièces.* T. B. et F. D. C. P. B.

DELMATIUS, CÉSAR

657. FL. DELMATIVS NOB. CAES. Son buste lauré, à droite.

℟. GLORIA EXERCITVS Deux soldats debout (14).

F. D. C. P. B.

658. — Variété de la même médaille (6).

Deux pièces. B. et F. D. C. P. B.

CONSTANTIN II, CÉSAR

659. CONSTANTINVS IVN NOB. C. Son buste, à gauche, tenant la Victoire.

℟. BEATA TRANQVILLITAS. Cippe avec VOTIS XX. (23 et 24).

Trois pièces. F. D. C. P. B.

660. — ℟. Même revers (16). — ℟. CAESARVM NOSTRORVM. Couronne avec VOT. V. ou X. (31, 32 et 38). — ℟. GLORIA EXERCITVS. Deux soldats debout (122, 124 et 127). — ℟. PROVIDENTIAE CAESS. Porte d'un camp (160). VIRTVS AVG. Camp (232). *Rare.* — ℟. VIRTVS EXERCIT. Etendard et deux captifs (251).

Dix pièces. B., T. B. et F. D. C. P. B.

*

CONSTANTIN II, EMPEREUR

661. FL. CL. CONSTANTINVS AVG. Son buste diadémé et drapé, à droite.
℟. SECVRITAS REIPVBLICAE T.R. La Sécurité debout appuyée sur une colonne (180). T. B., *mais trouée* AV.

CONSTANS I, EMPEREUR

662. FL. IVL. CONSTANS P. F. AVG. Son buste diadémé, à droite.
℟. VICTORIA AVGVSTORVM. Victoire passant, à gauche (138). F. D. C. AR.

663. — ℟. FEL. TEMP. REPARATIO. Constans sur une galère (10 et 11). Même légende. Constans emmenant un captif (18). — ℟. Même légende. Constans debout; devant lui, deux captifs (*inédite à ce règne*). *Huit pièces.* T. B. et F. D. C. M. B.

664. — ℟. FEL. TEMP. REPARATIO. Phénix (21). — ℟. GLORIA EXERCITVS. Deux soldats debout (48 et 55). — ℟. VICTORIA AVGG. Victoire debout (128).
℟. VICTORIA, etc. Deux figures debout (179). *Cinq pièces.* T. B. et F. D. C. P. B.

CONSTANCE II, CÉSAR

665. FL. IVL. CONSTANTIVS NOB. C. Son buste, lauré, à gauche.
℟. PROVIDENTIAE CAES. Porte d'un camp (167). — ℟. CONSTANTIVS NOB. CAES. Dans le champ (21). *Rare.* — ℟. GLORIA EXERCITVS. Deux soldats debout (104). — ℟. SECVRITAS REIPVB. La Sécurité debout (182). *Rare.* *Quatre pièces.* B. et T. B. P. B.

CONSTANCE II, EMPEREUR

666. FL. IVL. CONSTANTIVS P. F. AVG. Son buste casqué, de face.
℟. GLORIA REIPVBLICAE. Rome et Constantinople assises tenant un bouclier (112). F. D. C. AV.

667. D. N. CONSTANTIVS MAX. AVGVSTVS. Son buste diadémé, à droite.
℞. Même revers (121). F. D. C. AV.

668. — ℞. VICTORIA D. D. NN. AVG. LVG. Victoire debout, à gauche (259). F. D. C. AR.

669. — ℞. VOTIS XXX. MVLTIS XXXX. Dans une couronne (242 et 243, *les deux modules*). F. D. C. AR.

670. — ℞. FEL. TEMP. REPARATIO. L'empereur terrassant un ennemi (45 et 47). — ℞. GLORIA EXERCITVS. Deux soldats debout (92, 93, 104 et 105). — ℞. HOC SIGNO VICTOR ERIS. Victoire couronnant l'empereur (142). *Rare.* — ℞. VOT. XX. MVLT. XXX. dans une couronne (325). *Rare.* *Onze pièces.* T. B. et F. D. C. M. B. et P. B.

VETRANIO, TYRAN[1]

671. D. N. VETRANIO. P.F. AVG. Son buste lauré, à droite.
℞. VIRTVS AVGVSTORVM. Vetranio, à droite, foulant aux pieds un captif (99). T. B. P. B.

672. — ℞. VIRTVS EXERCITVS. Vetranio debout, à gauche, tenant le *Labarum* (10).

673. — ℞. GLORIA ROMANORVM. Vetranio debout, à gauche (6). F. P. B.

MAGNENCE, TYRAN

674. IM. C. MAGNENTIVS AVG. Son buste drapé, à droite.
℞. VICTORIA AVG. LIB. ROMANO. TR. Deux Victoires soutenant un trophée (15) F. D. C. AV.

675. — FEC. TEMP. REPARATIO. Magnence sur une galère (25). — ℞. GLORIA ROMANORVM. Magnence à cheval (37). — ℞. VICTORIA, etc. Deux Victoires tenant un bouclier (58 et 59). *Quatre pièces.* T. B. et F. D. C. M. B.

1. A partir de cette époque nous donnons les nos du tome VI de Cohen, 1re édition ; le tome VIII et dernier de la seconde édition n'a pas encore paru.

676. — SALVS. DD. NN. AVG. ET CAES. Monogramme du Christ (43 et 44). *Deux pièces.* F. D. C. G. B. et M. B.

DÉCENCE, CÉSAR

677. D. N. DECENTIVS NOB. CAES. Son buste, à droite.
℞. VICTORIA, etc. Deux Victoires debout, soutenant un bouclier (33, 35 et 39).
Trois pièces. T. B. et F. D. C. M. B.

CONSTANCE GALLE, CÉSAR

678. D.N. CONSTANTIVS NOB. CAES. Sa tête nue, à droite.
℞. Sans légende. Etoile dans une couronne ; à l'exergue, LVG (16). B. Æ.

679. — CONCORDIA MILITVM. Constance debout (37). — ℞. FEL. TEMP. REPARATIO. Constance debout sur une galère (30). — ℞. Même légende. Constance terrassant un cavalier (32 et 33).
Cinq pièces T. B. et F. D. C. M. B. et P. B.

JULIEN II, CÉSAR

680. IMP. IVLIANVS NOB. CAES. Son buste, à droite.
℞. Le revers précédent (69). F. D. C. P. B.

JULIEN II, EMPEREUR

681. FL. IVLIANVS P.P. AVG. Son buste diadémé, à droite.
℞. VIRTVS EXERCITVS ROMANORVM. Mars debout, entrainant un captif (28). T. B. AV.

682. — ℞. VOTIS. V. MVLTIS X. dans une couronne (36).
B. Æ.

683. — ℞. VOTA PVBLICA. Isis et Anubis debout (*inédit*). *Rare.*
B. P. B.

684. — SECURITAS REIPVB. Taureau debout (93). — ℞. VOT. X. MVLT. XX dans une couronne (132).
Deux pièces. T. B. et F. D. C. G. B et P. B.

JOVIEN

685. D.N. IOVIANVS P.R. AVG. Son buste diadémé, à droite.
℟. VOT. V. MVLT. X. dans une couronne (13). T. B. AR.

VALENTINIEN I

686. D.N. VALENTINIANVS P.F. AVG. Son buste diadémé, à droite.
℟. RESTITVTOR REIPVBLICAE. L'empereur debout (24).
T. B. AV.

687. — ℟. VRBS ROMA. Rome assise (48). — ℟. SECVRITAS REIPVBLICAE. Victoire debout (55).
Deux pièces. B. et T. B. AR et P. B.

VALENS

688. D.N. VALENS P.F. AVG. Son buste diadémé, à droite.
℟. RESTITVTOR REIPVBLICAE. Valens debout (32).
T. B. AV.

689. — ℟. VOT. XV. MVLT. XX. dans une couronne (69).
F. D. C. AR.

690. — VRBS ROMA. Rome assise (62). — ℟. GLORIA ROMANORVM. Valeur debout (64). — ℟. SECVRITAS REIPVBLICAE. Victoire debout (92).
Trois pièces. T. B. AR et P. B.

GRATIEN

691. D.N. GRATIANVS P.F. AVG. Son buste diadémé, à droite.
℟. VICTORIA AVGG. Deux empereurs assis (24).
F. D. C. AV.

692. — ℟. VIRTVS ROMANORVM. Rome assise (32). — VRBS ROMA. Rome assise (46). *Deux pièces.* T. B. AR.

693. — ℟. CONCORDIA AVGGG. Rome assise (49). — ℟. GLORIA NOVI SAECVLI. Gratien debout (52). — ℟. SECVRITAS REIPV-

BLICAE. Victoire debout (60). — ℟. VOTIS. XX MVLT. XXX, dans une couronne (82.

Quatre pièces. T. B. et F. D. C. P. B.

VALENTINIEN II

694. D. N. VALENTINIANVS P. F. AVG. Son buste diadémé, à droite.

℟. VICTORIA AVGG. Deux empereurs assis; dans le champ, L. D. (17). F. D. C. AV.

695. — ℟. REPARATIO REIPVBLICAE. Valentinien debout (43). — ℟. SALVS REIPVBLICAE. Victoire et captif (45).

Deux pièces. T. B. M. B. et P. B. Q.

THÉODOSE I

696. D. N. THEODOSIVS P. F. AVG. Son buste diadémé, à droite.
℟. VICTORIA AVG. Deux empereurs assis (19). T. B. AV.

697. ℟. VIRTVS ROMANORVM. Rome assise (29). — ℟. CONCORDIA AVGG. Rome assise (38). — ℟. SALVS REIPVBLICAE. Victoire debout (49 et 51) et un petit bronze fruste de Flaccille. *Six pièces.* A. et T. B. AR. et P. B.

MAGNUS MAXIMUS

698. D. N. MAGNVS MAXIMVS P. F. AVG. Son buste diadémé, à droite.

℟. VICTORIA AVGG... à l'exergue AVG. OB. Deux empereurs assis (8). F. D. C. AV.

699. — ℟. VIRTVS ROMANORVM. Rome assise (12). T. R. AR.

700. — ℟. VICTORIA AVGG. Maxime debout (17). — ℟. SPES ROMANORVM. Porte de camp (15).

Trois pièces. B. et T. B. M. B. et P. B. Q.

VICTOR

701. D. N. FL. VICTOR P. F. AVG. Son buste diadémé, à droite. — ℟. VIRTVS ROMANORVM. Rome assise (5). B. AR.

EUGÈNE

702. D. N. EVGENIVS P. F. AVG. Son buste, à droite. — ℞. Légende et revers précédent (89). Æ.

HONORIUS

703. D. N. HONORIVS P. F. AVG. Son buste diadémé, à droite. — ℞. VRBS ROMA. Rome assise (39). — ℞. GLORIA ROMANORVM. Rome assise (10).

Deux pièces. B. et T. B. Æ.

704. — ℞. VICTORIA AVGG. Victoire debout (14) et trois petits bronzes d'Honorius et d'Arcadius.

CONSTANTIN III

705. D. N. CONSTANTIVS P. F. AVG. Son buste diadémé, à droite. — ℞. VICTORIA AVGG. Rome assise (5). B. Æ.

THÉODOSE II

706. D. N. THEODOSIVS P. F. AVG. Son buste casqué, de face. ℞. SALVS REIPVBLICAE. Deux empereurs assis. T. B. AV.

MAJORIEN

707. D. N. IVLIVS MAIORIANVS P. F. AVG. Son buste casqué, à droite.

℞. VICTORIA AVGGG. Dans le champ AR. Majorien debout, tenant la croix. T. B. AV.

SÉVÈRE III

708. D. N. SEVERVS P. F. AVG. Son buste diadémé, à droite. ℞. VICTORI AVGG. Victoire debout, à gauche.

T. B. Triens. AV.

LIBIUS SEVERUS

709. D. N. LIB.....VS. F. AVG. Son buste diadémé, à droite.
℞. Sans légende. Monogramme du Christ dans une couronne. T. B. Æ. Q.

ANTHÉMIUS

710. D. N. ANTHEMIVS. P. F. AVG. Son buste casqué, de face.
℞. SALVS REIPVBLICAE. Deux figures debout. T. B. AV.

711. D. N. ANTHEMIVS. PERPET. AVG. Son buste diadémé, droite.
℞. Sans légende. Croix dans une couronne.
T. B. Triens. AV.

ANASTASE

712. D. N. ANASTASIVS P. F. AVG. Son buste casqué, de face.
℞. VICTORIA AVGGG. Victoire debout, à gauche.
T. B. AV.

JUSTIN I

713. D. N. IVSTINVS P. F. AVG. Son buste casqué, de face.
℞. Le revers précédent. T. B. AV.

JUSTINIEN I

714. D. N. IVSTINIANVS P. F. AVG. Son buste casqué, de face.
℞. VICTORIA AVGG. VN. Même Victoire. B. AV.

MAURICE TIBÈRE

715. D. N. MAVRI. TB. P. P. AVNI. Son buste casqué, de face.
℞. VICTORIA AVGG. Ange debout, de face.

PHOCAS

716. D. N. FOCAS PERP. AVG. Son buste, de face.
℞. VICTORIA AVGV. Même ange. T. B. AV.

HÉRACLIUS I ET HÉRACLIUS II.

717. D. N. ERACLIO, etc. Bustes, de face, des deux Héraclius.
℞. VICTORIA AVGV. Croix sur trois degrés. B. AV.

718. — La même médaille, *sou d'or épais.*
Deux pièces. B. AV.

CONSTANS II

719. D. N. CONSTANTI.N P. P. V. Son buste, de face.
℞. Le revers précédent. *Sou d'or épais.* B. AV.

CONSTANTIN IV, HÉRACLIUS ET TIBÈRE

720. Légende barbare. Buste de face de Constantin, tenant une lance.
℞. Les deux jeunes empereurs debout, près d'une croix.
Sou d'or épais. B. AV.

---

721. Lot des rois Goths Théodohat, Witiges et autres pièces byzantines. *Neuf pièces.* P. B.

722. Grand lot de médailles en moyen et en petit bronze, doubles de la collection.

723. Lot de balles de frondes d'Italie avec les légendes suivantes :

AM. LVCH. LVCIL. AKRATA. ALLIENVS PR. COS. OXA. LVPVS. RVF. NA. EAR. PVD. SERV. XAO. MAR.

Treize pièces. Plomb.

724. Médaillier anglais en acajou, 26 tiroirs. Haut 0 29. Largeur, $0^{m}28$. Profondeur, $0^{m}36$.

725. Grand Médaillier, bel acajou veiné, 44 tiroirs, plus 2 grands tiroirs profonds. Haut, $1^{m}55$. Largeur, $0^{m}64$. Profondeur, $0^{m}34$, avec de beaux cartons pour médailles de tous modules.

OUVRAGES DE NUMISMATIQUE

726. Hennin. Manuel de numismatique ancienne avec Atlas. 3 vol. in-8°, demi-rel. chagrin.

727. Mionnet. De la rareté et du prix des médailles romaines. 2 vol. in-8°, 39 pl., demi-rel. chagrin.

728. Cohen. Description générale des monnaies de la République romaine. 1 vol. in-4°, 75 pl., rel. toile.

729. Description historique des monnaies frappées sous l'Empire romain. 1re édition, 7 vol. in-8° avec le supplément, demi-rel. chagrin.

730. Babelon. Description historique et chronologique des monnaies de la République romaine, avec toutes les pièces gravées dans le texte. 2 vol. in-8°, brochés.

731. Witte (Baron J. de). Recherches sur les Empereurs qui ont régné dans les Gaules au IIIe siècle. 1 gros vol. in-4°, 62 pl, Paris, 1864. Cartonné.

732. de Saulcy. Essai de classification des monnaies byzantines. 1 vol. in-8° et un atlas in-4°, 53 pl., demi-rel. toile.

733. Banduri. Numismata Romanorum, etc. 2 vol. in-f° rel.

734. D'Ennery. Catalogue des médailles de son cabinet. Paris 1788, 1 vol. in-4°, demi-rel.

735. Vaillant. Numismata Imperatorum Romanorum. 2 vol. in-4°, 1692, reliés en un et une autre édition de 1696.

736. Beauvais. Histoire des Empereurs romains. 3 vol. in-12, Paris, 1767, rel.

737. Menestrier. Nouvelle méthode raisonnée de Blason, Lyon 1780, 1 vol. in-12, rel.

738. Catalogues des Ventes de médailles. Collection Jarry, Racine, Colson, de Montigny, de Moustier, Minart et Borghesi. 7 volumes in-8°. Belle demi-rel. chagrin.

739. Lépaulle. L'Edit de Maximien et la monnaie sous Dioclétien, Lyon, 1886. 1 vol. in-4°.

740. — Notice sur quelques pièces inédites de Galle et Salonine, Lyon, 1881, broché, in-8°.

741. — Notice sur l'atelier monétaire de Lyon à l'époque de Dioclétien, Lyon, 1889, broché, in-8°.

742. — Etude historique sur M. Aur. Probus, Lyon, 1884, broché, in-8°.

743. — Les monnaies romaines à la fin du Haut Empire, Paris, 1889, broché, in-8°.

Mâcon, impr. Protat frères

MACON, IMPRIMERIE PROTAT FRÈRES

www.ingramcontent.com/pod-product-compliance
Ingram Content Group UK Ltd.
Pitfield, Milton Keynes, MK11 3LW, UK
UKHW020935180726
13838UKWH00002B/963

9 782329 285344